일본 마쓰리의
현장과 현재

일본 마쓰리의 현장과 현재

인 쇄 2022년 2월 17일
발 행 2022년 2월 23일

저 자 김용의
발행인 정성택
발행처 전남대학교출판문화원

등 록 1981. 5. 21. 제53호
주 소 61186 광주광역시 북구 용봉로 77
전 화 (062) 530-0571~2 마케팅 530-0573
팩 스 (062) 530-0579
홈페이지 http://www.cnup.co.kr
이메일 cnup0571@hanmail.net

값 13,000원

ISBN 978-89-6849-860-2 (93380)

일본 마쓰리의 현장과 현재

김용의 저

전남대학교출판문화원

일러두기

1. 일본어의 한글 표기는 원칙적으로 국립국어원에서 정한 일본어 가나 표기법을 따랐다.
2. 일본의 인명·지명 및 학술·전문 용어는 각 장마다 처음 나오는 경우에 한해서 한글로 표기하고 괄호 안에 한자나 일본어를 넣어서 병기한다. 이후는 한글로만 표기한다. 예를 들면 도쿄(東京), 하나마쓰리(花祭) 등이다.
3. 일본의 행정단위 현(縣), 시(市), 정(町), 촌(村) 등은 그대로 한글 음으로 표기한다.
4. 독자의 가독성을 고려하여 각주는 따로 달지 않고 본문에 [ ] 부호를 달아서 간단하게 설명한다. 경우에 따라서는 각 장에서 중복될 수 있다.
5. 각 장마다 관련 참고문헌을 적어두어 독자가 참고할 수 있도록 한다.
6. 독자의 이해를 돕기 위해서 저자가 현지에서 촬영한 사진 자료를 넣는다.

저자 서문

잘 알려진 것처럼 일본은 가히 '마쓰리'의 왕국이라 부를 수 있습니다. 계절에 따라 일본의 전국 각지에서 크고 작은 규모의 마쓰리가 끊이질 않습니다. 마쓰리는 정해진 날에 개인 및 집단에 속한 사람들이 신령을 모셔서 제물 및 가무를 바치고 환대하며, 그 과정에서 소원을 빌거나 감사를 드린 후에 다시 신령의 세계로 돌려보내는 일련의 과정을 의미합니다. 특히 마쓰리가 끝난 후에는 마쓰리를 준비했던 사람들이 '나오라이(直会)'라고 부르는 '뒤풀이'를 하며 자신들의 유대감 및 소속감을 확인하고 즐깁니다. 말하자면 마쓰리는 신·인간·자연이 삼위일체가 되어 어울리는 민속행사입니다.

흔히 일본어 '마쓰리(祭)'는 편의상 한국어로 '축제'로 번역하곤 합니다. 그렇지만 이 말은 마쓰리의 본래적 의미와는 상당한 거리가 있다고 할 수 있습니다. 예를 들면 일본에서 가장 권위가 있다는 일본어사전 『광사원(廣辭苑)』에서 마쓰리의 사전적 의미를 간추리면 다음과 같습니다.

> ①제사 지내는 일. 제사. 제례. 하이카이(俳諧)에서는 특히 여름 마쓰리(夏祭)를 말한다. ②특히 교토 가모 마쓰리(賀茂祭)를 칭한다. 아오이 마쓰리(葵祭). ③근세 에도(江戸)에서 행한 이대 마쓰리. 히요시 산왕신사(日吉山王神社)와 간다 묘진(神田明神)의 마쓰리. ④기념, 축하, 선전 등을 위해 여는 집단적 행사나 제전.

그 중에 일본에서 일반적으로 마쓰리라고 하면 ①과 ④의 의미로 사용하는 경우가 많습니다. 이 책에서도 주로 ①과 ④의 의미를 살려서, 제례, 제사, 제전, 축제라는 뜻으로 일본어 '마쓰리'라는 용어를 그대로 사용하기로 하겠습니다.

한국인 중에도 일본문화에 관심이 많은 분은 한번쯤 현지에서 혹은 영상으로 마쓰리를 본 적이 있을 것입니다. 그리고 마쓰리가 일본인들의 일상생활에 많은 활력소가 된다는 점에 공감할 것입니다. 특히 지나치게 규정에 얽매이고 '매뉴얼' 대로 움직이는 경향이 강한 '매뉴얼 사회' 일본에서, 마쓰리는 잠시 기분 좋은 사회적 일탈이 허용된다는 점에서 사회적으로나 문화적으로 중요한 의미를 갖는 비일상적인 시공간입니다.

일본 민속학에서는 마쓰리와 같은 비일상적인 시공간을 가리켜서 흔히 '하레(ハレ)'라는 전문용어로 표현합니다. 이 '하레'에 대비되는 용어는 '게(ケ)'라고 부릅니다. 말하자면 '게'와 '하레'는 각각 일상성과 비일상성을 의미하는 개념입니다. 마쓰리는 일상적인 질서에서 일탈하여 비일상적인 시공간을 연출한다는 점에서 대표적인 하레의 영역에 속합니다. 생활문화의 기본이라고

할 수 있는 의식주를 예로 들자면, 마쓰리 기간에는 평소와는 다른 옷을 걸치고 특별한 음식을 차려먹으며 특별한 공간을 꾸밉니다. 또한 평소에 즐기지 못했던 특별한 놀이를 하며 즐기곤 합니다.

일본의 마쓰리에 관해서는 국내 연구자들의 주목할 만한 성과가 있습니다. 특히 김양주 교수의 『축제의 역동성과 현대 일본 사회』(2004)는 수년간에 걸쳐 조사한 고치 현(高知縣) 시만토강(四万十川) 유역의 민속지 자료에 바탕을 둔 선구적 연구로 평가할 수 있겠습니다. 작고하신 임동권 선생의 『통신사와 문화전파: 唐人(子)踊과 제례행렬을 중심으로』(2004)는 이 책의 제3장 집필에도 많은 도움이 되었습니다. 황달기 교수의 『일본의 축제와 지역사회』(2011)는 후쿠오카 현의 하카타기온 야마가사(博多祇園山笠)를 축으로 하여 다양한 관점에서 마쓰리를 조명하였습니다. 김희진 교수의 『일본 전통축제 마츠리의 이해와 사례』(2016)는 일본 각지에서 행하는 다양한 마쓰리를 유형적으로 분류하여 소개하였습니다. 그리고 일본의 마쓰리를 염두에 둔 저서는 아니지만, 류정아 교수의 『축제 이론』(2013)은 주로 서구 인류학자들의 축제에 관한 이론적 접근을 알기 쉽게 정리하였습니다. 일본의 마쓰리를 이해하는 데에도 많은 도움이 됩니다.

저자는 이제까지 제법 많은 마쓰리를 견학할 수가 있었습니다. 일본 오사카대학 유학시절부터 일본 각지를 돌아다니며 견학한 마쓰리를 꼽아보면 대충 30곳은 되지 않을까 싶습니다. 지역적으로는 남쪽 오키나와(沖繩)에서 북쪽 홋카이도(北海道)에 이르기까지 거의 일본 전역에 걸쳐 있습니다. 이번에 기회가 되어 저자가 견학한 마쓰리 중에서 6곳을 골라서 책을 엮게 되었습니다. 그 중에는 저자가 이른바 참여관찰(participant observation)이라는 현지조사 방법에 의해서 본격적으로 연구한 마쓰리가 있으며, 저자의 연구와는 별개로 가벼운 마음으로 보고 즐긴 마쓰리도 있습니다.

이번에 책을 엮으면서 저자 나름대로 다음과 같은 점을 고려하였습니다. 첫째 쉽게 읽을 수 있는 탐방기 형식으로 쓴다. 둘째 가급적이면 국내에 많이 소개된 대도시의 마쓰리는 피하도록 한다. 셋째 지역적인 분포를 고려한다. 넷째 '신과 인간의 교신'이라는 마쓰리의 본래적 의미를 중요하게 다룬다. 다섯째 마쓰리를 계기로 가족 및 집단의 유대를 강화하는 현지 주민들의 인간관계를 드러낸다. 특히 일본의 대도시에서 거행하는 도시형 마쓰리를 제외하고자 했던 이유는 간단합니다. 이들 마쓰리는 신과 지역민이 함께 즐기며 교신하는, 마쓰리의 본래적 의미나 기능이 쇠퇴하고 약화되었기 때문입니다. 예를 들면 흔히 일본의 '삼대 마쓰리'로 알려진 도쿄의 간다 마쓰리(神田祭), 교토의 기온 마쓰리(祇園祭), 오사카의 텐진 마쓰리(天神祭)는 전승과정에서 차츰 '신'의 존재가 잊혀져가고, 지역부흥을 위한 관광자원으로서의 성격이 강화되기에 이르렀습니다. 그러다보니 마쓰리의 주도집단으로서의 지역민들의 참여 및 인간관계에도 많은 변화가 생겼습니다.

마쓰리 현장에는 많은 사람들이 참여합니다. 마쓰리의 진행에 직접 관여하는 전승자 및 지근거리의 보조자, 이들과 가까운 현지 지역민과 지역조직, 여기에다 외부인들로는 민속연구자, 문화재정책 담당자, 사진작가, 관객 등이 몰려듭니다. 저자는 현장에서 이들과 만나 여러 방식으로 대화하며 많은 것을 배웠습니다. 저자가 보고 배웠던 것을 많은 분들과 공유할 수 있었으면 합니다. 특히 마쓰리 기간에 고향에 계신 부모 및 친지들을 찾아와 함께 참여하던 가족들의 단란한 모습이 저자의 기억에 오래 남아 있습니다. 대개 할아버지와 할머니, 부모, 손자 삼대가 함께 하는 경우가 많습니다. 이런 점에서 일본의 마쓰리는 마치 〈어린이 날〉, 〈어버이 날〉, 그리고 〈노인의 날〉을 합쳐 놓은 〈가족의 날〉일지도 모릅니다. 저자는 앞으로도 일본의 마쓰리 탐방을 계속하며 공부를 이어갈 생각입니다.

이 책이 나오기까지 많은 분들의 가르침과 도움을 받았습니다. 특히 저자가 일본에 체류할 때마다 좋은 연구 환경을 제공해주신 국제일본문화연구센터의 고마쓰 가즈히코(小松和彦) 선생님과 야스이 마나미(安井眞奈美) 선생님, 게이오(慶應)대학 노무라 신이치(野村伸一) 선생님, 오키나와국제대학의 이나후쿠 미키코(稲福みき子) 선생님과 가리마타 게이치(狩俣惠一) 선생님, 도쿄학예대학 이시이 마사미(石井正己) 선생님, 아시아설화학회의 사카이 다다요시(酒井董美) 선생님과 야마모토 미치에(山本みちえ) 선생님께 각별히 감사드립니다. 이분들은 저자를 일본 마쓰리의 현장으로 직접 안내하고 이끌어주셨습니다. 이외에도 마쓰리 현장에서 만

난 많은 분들께 신세를 지고 도움을 받았습니다. 이분들께 경의를 표하며 머리 숙여 감사드립니다. 끝으로 편집을 위해 애써주신 전남대학교출판문화원의 편집부 여러분께 고마운 마음을 전하고자 합니다.

2022년 새해에

저자 김용의

목차

제2장

나가사키 현 쓰시마의 아리랑 마쓰리 ······ 53

제3장

오카야마 현 우시마도의 가라코오도리 ······ 89

제4장

돗토리 현 사카이미나토 시 ······ 122

제1장

오키나와 다케토미지마의 다나두이 마쓰리

은하수가 해변에 내려앉은 섬

2002년 여름, 나는 오키나와 본도에서 멀리 남쪽에 떨어진 다케토미지마(竹富島)라는 섬에서 열흘 동안 혼자 지냈다. 이 섬 곳곳에 마련된 우타키(御嶽)라는 민속신앙의 성지(聖地)를 조사하기 위해서였다. 우타키는 한국의 서낭당과 비슷한 공간으로 오키나와의 민속신앙에서 중요한 위치를 차지하는 성스러운 신앙 공간이다. 일본에서 민속신앙의 성지는 대개 여성의 출입을 엄격하게 금하는 이른바 금녀(禁女)의 공간임에 비해, 오키나와의 우타키는 반대로 남성의 출입을 철저히 금하는 금남(禁男)의 공간이다.

다케토미지마는 오키나와 본도에서 멀리 남쪽에 위치한 야에야마 제도(八重山諸島)에 속한다. 정확한 행정상의 주소는 오키나와 현(沖縄縣) 야에야마 군(八重山郡) 다케토미 정(竹富町)에 속한다. 다케토미지마에 가려면 한국에서는 인천공항을 출발하여 오키나

1 이시가키지마 선착장 터미널

2 다케토미지마의 니시토 우타키(西塘御嶽)

와 본도에 있는 나하(那覇) 공항을 경유한다. 나하 공항에서 비행기를 갈아타고 1시간 정도 가면 이시가키지마(石垣島)에 있는 공항에 도착한다. 다케토미지마는 이시가키지마(石垣島)에서 서남쪽으로 약 6.5 킬로미터 떨어진 곳에 있는 섬이다. 이시가키지마에서 쾌속선으로 약 10분 정도 걸리는 거리에 있다. 섬의 주위는 9.15 킬로미터, 면적은 5.42 킬로미터, 낮고 평탄한 융기산호초로 이루어져 있다. 관청의 인구조사에 따르면 2020년 4월 현재 인구가 358명에 불과하다.

섬 주위 해변에는 고운 모래가 지천으로 깔려있다. 그 모래알갱이를 자세히 들여다보면 별과 같은 모양을 하고 있다. 모래는 마치 하늘의 은하수가 해변에 내려앉기라도 한 듯, 햇볕을 받으면 별처럼 반짝인다. 섬사람들은 백사장에 깔린 이 모래를 퍼서 곱게 물을 들인 다음 작은 유리병에 담아서 관광 상품을 만들었다. 그 모래 덕분에 이 섬은 일본 내에서 다케토미지마라는 본래의 이름보다도 '별모래의 섬(星砂の島)'이라는 이름으로 더 널리 알려져 있다.

동화 속의 섬마을

이 섬은 2005년 일본에서 상영된 <니라이카나이로부터의 편지(ニライカナイからの手紙)>라는 영화의 무대가 되었던 곳이다. 영화를 찍은 곳답게 섬 풍경이 그림처럼 아름답다. 이 영화는 국내에서 영화의 주인공 역할을 맡은 여자배우 아오이 유우(蒼井優)를 앞세워, 2008년에 <아오이 유우의 편지>라는 제목으로 개봉하였

다. 그런데 실은 일본어 제목에 들어간 '니라이카나이'란 말에 이 영화에서 전하고자 하는 중요한 메시지가 담겨있다. 제목 속의 '니라이카나이'란 전통적으로 오키나와에서 바다 너머에 존재한다고 믿는 신들의 세계이다. 또한 사람이 죽은 후에 가게 된다고 전해지는 타계이다. 그리고 오키나와 사람들에게 온갖 풍요로움을 가져다주는 일종의 유토피아 세계이기도 하다. 말하자면 오키나와 사람들의 타계관, 생사관, 자연관 등이 반영된 신화적 세계이다. 그 때문에 니라이카나이는 오키나와의 설화 및 민속신앙에 자주 등장하며 오키나와 전통문화를 이해하기 위해서 매우 중요한 개념이다.

배가 섬의 선착장에 도착하여 조금 걷다가 마을을 바라보니 돌담 위로 붉은 기와를 얹은 지붕이 먼저 눈에 들어온다. 그 지

지붕 위에 얹어놓은 오키나와의 수호신 시사(シーサー)

오키나와의 수호신 시사(シ-サ-)

붕 위에는 오키나와 말로 '시사(シ-サ-)'라 부르는 사자를 닮은 괴수 석상이 얹혀 있다. 이 시사는 오키나와에서 가장 흔히 볼 수 있는 오키나와의 상징물이다. 일본 본토의 신사 입구 양쪽에 놓여 있는 이른바 '고마이누(狛犬)'와 비슷한 성격을 지닌 수호신 역할을 한다. 참고로 '고마이누(狛犬)'는 '고마이누(高麗犬)'로 표기하기도 한다. 오키나와의 시사는 지붕 위만이 아니라 집의 현관 양쪽에 놓아두기도 한다. 오키나와에서는 관광지의 기념품 가게를 가면 어디에서나 쉽게 살 수 있다.

마을 어귀로 들어서니, 전통가옥이 밀집한 골목길 곳곳에 하얀 잔돌을 깔아놓았다. 이 하얀 잔돌과 붉은 기와지붕이 대조를 이루어 무척 인상적이다. 실제로 와서 보니, 이 섬이 일본에서 '중요전통건조물보존지구(重要傳統建造物保存地區)'로 지정된 이유를

1 골목길 곳곳에 하얀 잔돌을 깔아놓은 전통가옥
2 다케토미지마의 전통가옥

알 수 있을 것 같았다. 나중에 들은 이야기지만, 이 섬사람들은 아침에 눈을 뜨고 일어나면 잔돌이 깔린 골목길을 빗자루로 쓰는 것이 하루 일과의 시작이라고 한다. 그 골목 사이사이로 꽃으로 치장한 달구지를 물소가 끌고 돌아다닌다.

이 물소 달구지는 섬사람들이 공을 들인 관광 상품 중의 하나이다. 외지에서 섬을 찾은 관광객들은 그 달구지에 앉아서 섬을 둘러본다. 이 때 달구지를 끄는 마을 사람이 산신(三線)이라는 오키나와 전통악기를 연주하며 섬에 전하는 민요를 들려준다. 외지에서 찾아오는 관광객을 의식한 관광 상품이라고는 하지만, 이 얼마나 목가적인 풍경인가.

이 섬을 거닐다보면 마치 속세에서 벗어난 동화의 세계와 같은 환상적인 분위기를 느낄 수 있다. 이 섬이야말로 영화 〈아오이 유우의 편지〉 제목에 나오는 니라이카나이의 세계가 아닌가 하고 착각이 들 정도이다.

섬의 '추장'을 만나다

2002년 당시 나는 숙소로 마을의 빈집 하나를 빌려서 사용하였다. 이 빈집은 이곳이 고향인 오키나와국제대학 가리마타 게이치(狩俣惠一) 교수의 부친께서 소개해 주었다. 운이 아주 좋았던 셈이다. 가리마타 교수는 고향에 대한 애정이 각별한 분이다. 일본 각지에 흩어져 사는 다케토미지마 출신 사람들과 연락하여 '전국다케토미지마문화협회(全國竹富島文化協會)'라는 전국적인 네트워크를 만들었는가 하면, 이 협회의 명의로 일 년에 한 번씩

섬을 소개하는 종합잡지를 발행하고 있다. 이 잡지는 흔히 볼 수 있는 마을 소식지 수준이 아니다. 섬의 역사, 전통문화, 민속, 풍물, 인물 등을 골고루 소개하는, 민속학의 민속지나 인류학의 민족지(ethnography)에 버금가는 본격적인 문화잡지이다. 그 잡지의 이름이 다름 아닌 <별모래의 섬(星砂の島)>이다. 나도 가리마타 교수의 권유로 회원으로 가입하였다.

부전자전이라고 했던가, 나중에 알고 보니 가리마타 교수의 부친도 가리마타 교수 이상으로 섬을 아끼고 사랑하는 열정적인 분이었다. 그의 부친께서는 팔순에 가까운 나이에도 마을에 무슨 일이 생기면 물불을 가리지 않고 뛰어드는, 어딘가 아프리카 오지의 원주민 추장과도 같은 풍모와 위엄을 지닌 분이다. 기골이 강건해서 그런 느낌을 받았는지도 모르겠다. 젊은 시절에 맞이한 태평양전쟁 말기, 일본 본토의 고베(神戸)에 있는 어느 군수공장에서 공원으로 일한 적이 있었다고 한다. 나와 술자리를 갖게 되면, 그 때 가장 가깝게 지냈던 친구가 다름 아닌 조선에서 건너온 조선인이었다는 이야기를 몇 번이고 들려주었다. 당시 일본사회에서 '조선인'이나 '오키나와인' 모두가 '일본인'에게 차별받고 멸시를 당한 부류의 사람들이었다는 점을 생각한다면, 이들이 쉽게 친해질 수 있었던 이유를 잘 알 것 같았다. 그 때문인지 나를 무척이나 반갑게 대해주었다.

가리마타 교수의 부친은 이 섬에서 일본어로 '우미부도(海葡萄)'라고 부르는 '바다포도'를 양식하고 있었다. 그 덕분에 나는 섬에 머무는 내내 이를 맘껏 먹을 수 있었다. 내가 찾아가면 늘 아와모리(泡盛)라는 오키나와 전통술에 곁들여 바다포도를 내주었다. 바다포도는 다른 말로 그린 캐비어(green caviar)라고도 부르는 고급 해조류이다. 바다포도란 이 해조류가 마치 포도처럼 생겨서 붙여진 이름으로, 술안주로도 좋고 밥에 올려서 회덮밥처럼 비벼먹어도 맛이 좋다.

신과 함께 사는 오키나와의 전통가옥

내가 열흘 동안 빌려 살던 집은 주인이 평소에 거주하지 않는 빈집이었지만 가재도구가 그대로 놓여 있었다. 그 집은 오키나와에서 흔히 볼 수 있는 전형적인 민가의 전통가옥이었다. 제주도와 마찬가지로 대문이 달려있지 않은 점이 흥미로웠다. 대문이 없는 대신에, 집 입구를 들어서면 오키나와말로 '힌풍(ヒンプン)'이라 부르는 차단벽이 병풍처럼 가로막는다. 오키나와 문화는 역사적으로 중국 복건성(福建省) 지역의 영향을 많이 받았는데, 이 '힌풍'이란 말 자체도 중국어 '핀펑(屛風)'에서 유래한다. 원래는 악귀가 집안에 들어오는 것을 막는다는 신앙적 의미에서 설치하였다고 하는데, 바깥에서 사람들이 집안을 곧바로 들여다보지 못하도록 시선을 차단하는 실용적인 효과가 있다. 전통적으로 힌풍을 마주하고 남자는 오른쪽으로 돌아서, 그리고 여자는 왼쪽으로 돌아서 들어간다는 원칙이 정해져 있다.

'힌풍'을 돌아 들어가면 다듬지 않은 주춧돌 위에 나무기둥을 여러 개 세운 소박한 가옥이 나타난다. 마치 우리나라의 오래된 시골 농가를 연상케 한다. 오키나와의 민가는 보통 세 칸으로 구성한다. 정면에서 보아 오른쪽부터 순서대로 1번방, 2번방, 3번

1	**1** 전통 가옥의 정면
2	**2** 전통 가옥과 힌풍
3	**3** 2번방에 차려진 부쓰단(佛壇)

방으로 부르는 방 세 칸이 옆으로 나란히 이어진다. 1번방에는 대개 신단을 꾸며놓는다. 말하자면 신을 모시는 공간이다. 그리고 1번방 벽 한쪽에는 흔히 삼국지에 등장하는 관우를 그린 족자를 많이 걸어놓는다. 물론 이 관우는 신격화된 관우이다. 오키나와가 역사적으로 중국문화의 영향을 많이 받았던 지역이라는 사실을 실감할 수 있다.

2번방에는 불단을 차려놓는다.[일본어로는 '부쓰단(佛壇)'이라고 한다.] '불단(佛壇)'이라고 부르지만 불상을 모신 공간은 아니다. 돌아가신 조상들의 위패를 안치하는 공간이다. 아침에 눈을 뜨면 그 집 주부가 불단에 정화수를 떠서 올린다. 혹시 손님이 방문하면서 무언가 색다른 먹거리라도 들고 오면 이 불단에 먼저 올린다. 그 모습을 보고 있노라면 마치 현세의 인간과 돌아가신 조상(신)이 같은 공간에서 일상생활을 영위하고 있는 것이 아닌가 하는 생각이 든다.

3번방은 거실과 같은 곳으로 주로 생활공간으로 사용한다. 사람들은 이 3번방에서 주로 밥을 먹고 차를 마신다. 1번방과 2번방의 뒤쪽에는 대부분 부부가 사용하는 침실이 따로 마련되어 있다. 나는 3번방에서 기거하였다.

당시 집주인은 이시가키지마에 나가살면서, '다나두이(種子取祭)'라는 마쓰리가 있을 때에만 집에 와서 머문다고 한다. 다나두이(タナドゥイ)는 이 섬에서 가장 큰 마쓰리이다. '種子取祭'는 공용 일본어로 '다네도리사이'라고 부르지만 현지에서는 '다나두이'라고 부른다.[이 책에서는 이 마쓰리의 역사성과 현장성을 존중하여 '다나두이'라는 말로 통일하여 사용 한다.] 다나두이 마쓰리는 해마

다 양력 10월이나 11월 무렵 간지(干支)로 꼽아서 갑신일(甲申日)부터 임진일(壬辰日)까지, 장장 9일 동안에 걸쳐 성대하게 거행한다. 특히 마쓰리 기간 동안에는 춤과 노래를 비롯한 다양한 전통예능을 연행한다. 이 마쓰리는 전통문화로서의 가치를 인정받아 1977년 일본의 중요무형민속문화재로 지정되었다.

나는 2002년 다케토미지마를 처음 방문한 이후, 몇 번이고 이 마쓰리를 보려고 기회를 엿보고 있었지만 좀처럼 실현되지 않았다. 그러다가 마침내 2016년에 대학원 제자들과 함께 마쓰리를 처음으로 견학하였다. 2017년에는 불가리아 출신의 마쓰리 연구자와 함께 방문하여 공동으로 본격적인 현지조사를 하였다.

다나두이의 기원에 관한 전설

흔히 다나두이는 600년의 역사를 지닌 전통적인 마쓰리라고 한다. 그렇지만 대개 일본의 마쓰리가 그러하듯이 그 기원에 관해서는 불분명한 점이 많다. '다나두이(種子取祭)'라는 이름 자체를 '채종(採種)'으로도 '파종(播種)'으로도 받아들일 수 있는데, 파종이라고 하기에는 10월과 11월이라는 마쓰리 시기가 맞지 않는다. 가리마타 교수의 설명에 의하면 원래 오키나와 본도에서 행해졌던 '단투이(種子取)' 행사가 야에야마 제도에 위치한 섬들에 전해졌을 것이며, 따라서 다나두이의 기원은 류큐 왕국(琉球王國)과의 왕래가 빈번해진 오야케 아카하치(遠弥計赤蜂)의 전란(1500) 이후일 것이라고 한다.[김용의 역, 『오키나와 다케토미지마 섬의 다나두이 축제』, 2019, 전남대학교출판문화원] 오야케 아카하치는 야에야마지마(八重山島) 오하마 촌(大浜村) 출신의 호족으로 중앙의 류큐왕국에 대항하여 민중반란을 일으켰던 인물이다. 이 점 때문에 한때 한국에서는 설성경 교수를 중심으로 홍길동과의 관련성을 주목하기도 하였다. 역사적인 차원에서 홍길동과 오야케 아카하치를 연결할 엄밀한 논증은 쉽지 않지만, 설화적 차원에서 전체적인 맥락을 주목할 때에는 가능성이 전혀 없어보이지는 않는다.

다나두이의 기원에 관해서는 섬에 전하는 전설을 통해서 추정할 수 있다. 국내에 한 번도 소개된 적이 없으므로 전문을 번역하여 적어두면 다음과 같다.

> 옛날 다케토미지마에 여섯 마을이 있었고 여섯 마을에는 여섯 명의 추장이 살고 있었다. 이들은 하자마 촌(波座間村)의 네레칸둔(根原金殿), 나카스지 촌(仲筋村)의 아라시바나카사나리둔(新志花重成殿), 곤투 촌(小波本村)의 곤투후신가라둔(幸本節瓦殿), 구마라 촌(久間原村)의 구마하라하쓰(久間原發金殿), 하나쿠 촌(花城村)의 다가니둔(他金殿), 바이야 촌(波利若村)의 스가둔(塩川殿)이라는 여섯 추장이 존재했다. 추장들은 파종 의례인 다나두이를 행했는데, 양편으로 나뉘어 각각 무자일(戊子日)과 기축일(己丑日)에 거행하였다. 가장 세력이 강대했던 네레칸둔은 자신이 거행하던 무자일로 통일하고자 누이동생을 곤투후신가라둔에게 시집보냈다. 이 여섯 추장 중에서 네레칸둔과 아라시바나카사나리둔이 누가 농작물을 관장할 것인지를 놓고 분쟁을 벌였다. 그 결과, 하자마 촌의 네레칸둔은 조 농사를 관장하고 나

카스지 촌의 아라시바나카사나리둔은 보리 농사를 관장하게 되었다. 그 후 아라시바나카사나리둔은 파종하는 날을 네레칸둔이 파종하던 무자일(戊子日)로 바꾸었다. 그러나 다른 추장들은 네레칸둔을 따라서 파종하는 날을 정하지 않았다. 특히 곤투후신가라둔은 기축일(己丑日)에 파종할 것을 강력히 주장하였다. 그러자 네레칸둔은 여동생을 곤투후신가라둔에게 시집보냈다. 네레칸둔의 여동생은 남편 곤투후신가라둔에게 이렇게 말했다. "오라버니 네레칸둔이 농사를 짓는 조와 당신이 농사를 짓는 조는 설령 같은 양이라고 해도, 오미키(お神酒)나 이이야치(飯初)[조와 찰진 곡식과 팥으로 만드는 다나두이의 공물]을 만들면, 오라버니가 농사를 지은 조가 그 양이 더 많습니다. 또 당신이 파종을 하는 기축일은 뿌린 씨앗이 땅속에서 죽는 나쁜 날이지만 오라버니 네레칸둔이 파종을 하는 무자일은 작물이 땅속에서 뿌리를 내리는 좋은 날입니다." 곤투후신가라둔은 아내에게 이 말을 듣고서 네레칸둔처럼 무자일에 파종을 하기로 하였다. 한편 다케토미지마의 동쪽에 사는 세 명의 추장(구마하라하쓰, 다가니둔, 스가둔)은 갑오일(甲午日)에 파종을 하고 있었다. 그들은 네레칸둔의 풍작을 보고서 우리도 무자일에 파종을 하는 것이 좋겠다고 생각하게 되었다. 이 세 명의 추장과 곤투후신가라둔은 복면을 쓰고 가장을 한 안가마(アンガマ)의 모습으로 분장하고 네레칸둔에게 파종하는 법을 배우기 위해 그의 집을 방문하였다. 그리하여 다케토미지마 전체가 같은 무자일에 파종을 행하게 되었다. 그 과정에서 주고받은 노래를 유쿠이(世乞い)의 마키우타(巻き歌)로서 부르고 있다.

1	**1** 안가마(アンガマ)에 등장하는 노인과 노파의 가면
2	**2** 노래하며 집집마다 도는 다나두이의 유쿠이 행렬

이 설화는 섬 출신으로 오랜 기간 섬의 민속을 조사하여 민속지를 작성한 우에세도 도오루(上勢頭亨)씨의 저서에 수록되어 있다.[上勢頭亨,『竹富島誌 民話·民俗編』, 1976, 法政大學出版局] 이 설화는 다나두이의 기원에 관한 전설일 뿐만 아니라 섬의 기원을 신화적으로 설명하는 일종의 창세신화이기도 하다. 신화에 전하는 섬의 여섯 추장과 여섯 마을은 자연스럽게 한국의『삼국유사』에 기록된 가야국의 육가야(六伽倻)를 떠올리게 한다.

전설에 언급된 전문적인 민속용어 및 민속행사에 관한 설명은 생략하고 다나두이와 직접 관련이 있는 용어만을 두세 개 간략하게 설명하기로 한다. 마지막 부분에 언급된 '유쿠이(世乞い)'는 곡물 종자를 섬에 가지고 온 니란(ニ-ラン) 신을 맞이하는 의례이다. 다나두이 기간에 섬의 무녀를 선두로 하여 마쓰리 관계자들이 마을 곳곳을 춤추고 노래하며 행진한다. '마키우타(巻き歌)'는 이때 함께 부르는 의례용 노래이다. 그리고 '안가마(アンガマ)'는 야에야마제도 지역에 전하는 의례적인 집단예능이다. 우슈마이(ウシュマイ)라는 노인 가면과 은미(ンミ)라는 노파 가면을 쓴 두 사람을 선두로 하여 마을의 집들을 돌며 이야기를 구송하고 노래하며 춤을 춘다. 다나두이 기간의 연행에도 안가마가 등장한다. 안가마가 유명한 때문인지, 두 가면은 관광 상품으로도 인기가 있어서 오키나와 전역에서 특산품 가게에 가면 어렵지 않게 구입할 수 있다.

공민관이 주관하는 섬의 연중행사

다나두이 마쓰리를 주관하는 기관 및 조직으로 공민관(公民館)을 빠뜨릴 수 없겠다. 공민관은 일본의 사회교육법(제20조)에 근거하여 설치한 기관으로, 일본 전국 어디에나 마을 단위로 공민관이 존재한다. 공민관은 부분적으로 한국의 주민자치센터와 같은 행정기관으로서의 성격을 지니고 있지만 원칙적으로 민간기관이다. 한국으로 치자면 마을회관에 해당하는 공간을 갖고 있는데, 이 공간에서 대개 마을 회의를 열거나 마을에서 공동으로 필요한 도구 및 물품을 보관하기도 한다. 공민관에서는 주민들을 위한 문화 이벤트를 기획하기도 하고, 도서실을 설치하는 등 주민들에게 각종 편의를 제공한다.

다케토미지마의 공민관

공민관 안에 걸린 역대 관장의 사진

다케토미지마에서는 공민관의 역할이 크다. 이 섬에서 거행하는 연중행사를 대개 공민관 주관으로 진행하기 때문이다. 특히 민속행사의 대부분을 공민관에서 주관한다. [표 1]은 현지에서 구입한 공민관 주관의 연중행사 표이다.[김용의, 「일본 마쓰리의 현장과 전승집단의 주도적 역할-오키나와 다케토미지마(竹富島) 다나두이(種子取祭)의 사례-」『일본연구』 제53집, 2020, 중앙대학교 일본연구소]

[표 1]에 정리한 민속행사는 현재도 섬에서 거행하고 있다. 이것을 보면 이 섬이 얼마만큼 전통적인 민속문화가 풍부한지를 잘 알 수 있다. 말하자면 다케토미지마는 '민속문화의 보물섬'과 같은 곳이다. 공민관과 별도로 세 곳에 마을회관이 마련되어 있다. 하자마(玻座間) 동쪽 마을, 하자마 서쪽 마을, 그리고 나카스지(仲筋)에 각각 마을회관이 있다. 마을회관을 따로 따로 마련한 주된 이유는 다나두이와 관련이 있다. 다나두이 봉납예능을 하

자마와 나카스지가 분담하여 공연하기 때문이다. 각기 공연을 연습하고 준비하기 위해서는 별개의 마을회관이 필요했기 때문이라고 한다.

[표 1] 다케토미지마 공민관의 연간 제의 및 행사(2017년)

제사 및 행사	날짜(양력)	내용	비고 (주요 참가자)
사월 우후니가이 (四月大願い)	음력 4월 중순의 戊·己 (5월 17,18일)	논밭 농작물의 이삭이 잘 열리기를 축원. 첫날은 쓰카사가 니시토 우타키(西塘御嶽), 마이누 우타키(淸明御嶽), 곤토 우타키(幸本御嶽)를 참배, 이튿날은 22개소 우타키를 참배	쓰카사의 축원
사월제 (四月祭)	음력 4월 중순의 壬 또는 癸 (6월 4일)	조(粟)가 병충해를 피해서 잘 열리기를 축원	쓰카사의 말로는 스라호(スラ穂) 마쓰리라고도 함
니시토 반하지리 (西塘バンハジリ)	음력 6월 중순의 壬·癸 (7월 24,25일)	섬의 수호신 니시토에게 오곡풍양에 대한 감사	섬 유지 및 일반인들이 참배
푸이 (プイ, 豊年祭)	음력 6월 하순의 壬·癸 (8월 3,4일)	무야마(六嶽)의 자손들이 풍년을 감사드리는 의례. 쓰카사가 우타키에 들어가 99배, 촌락의 대표자, 고문, 구장 등이 무야마를 순례	쓰카사의 축원
다나바타니가이 (七夕願い)	음력 7월 7일 (8월 28일)	촌락 유지들이 미륵보살에게 섬사람들의 행복을 축원. 각 가정에서 영전에 요리를 차림	각 가정에서 영전에 요리를 차림
쇼로 (ショーロ, お盆)	음력 7월 13· 14·15일 (9월 3,4,5일)	오본(お盆)을 쇼로라고 부른다. 13일 신 맞아들이기, 14일 나카 쇼로(中ショーロ), 15일 신 돌려보내기 밤에 섬의 젊은 남녀가 각 가정을 돌며 노래와 춤을 춤	
경로회 (敬老會)	양력 9월 두 번째 일요일 (경로의 날)		

제사 및 행사	날짜(양력)	내용	비고 (주요 참가자)
시치사이 (節祭)	음력 7월·8월의 己亥 (9월 9일)	토지 및 우물을 청정하게 하며 내년의 풍년을 토지 신에게 축원. 각 가정의 호주가 해수로 조왕신(靈石)을 깨끗이 씻고 향로에 채운 모래를 새로 갈아 넣음	
기쓰간사이 (結願祭)	음력 8월의 壬·癸 (9월 22,23일)	오곡풍양 기원에 대한 원해제(願解)祭. 마이누 우타키(淸明御嶽)를 중심으로 22개 우타키 참배	쓰카사의 축원, 메이지 8년 무렵 기근이 닥치자 섬의 관리 지넨 윤추(知念與人)가 풍년을 기원
유무카이 (世迎い)	음력 8월 8일 (9월 27일)	곡물 종자를 섬에 가지고 온 니란(ニ-ラン) 신을 맞이하는 의례. 쓰카사 전원, 유지, 부인들이 모여서 의례	쓰카사의 축원
십오야 마쓰리 (十五夜祭)	음력 8월 15일 (10월 4일)	사내아이의 축일로 달을 향해 풍년과 가족들의 건강을 축원	니시토(西塘) 슈리(首里) 세 마을의 마쓰리를 보고 전했다고 함
구월 우후니가이 (九月願い)	음력 9월의 戊·己 (11월 13,14일)	섬의 작물과 주민들을 보호해주는 신에게 기원. 니시토 우타키(西塘御嶽), 마이누 우타키(淸明御嶽), 곤토 우타키(幸本御嶽)에서 철야로 의례. 이튿날 촌락 유지들이 22개소 우타키 참배	쓰카사, 소를 잡아서 공물로 사용
다나두이 (種子取祭)	음력 9월·10월 甲申~壬辰 (10월 24일-11월 1일)	토지에 종자를 뿌리기 시작하는 의례로 9일 동안 진행	봉납예능, 쓰카사의 축원
시월제 (十月祭)	음력 10월의 壬 또는 癸 (11월 21일)	섬에 화재 및 수해가 나지 않도록 재해방지를 축원, 마치 우타키(眞知御嶽)를 비롯한 여러 우타키를 참배	쓰카사의 축원

제사 및 행사	날짜(양력)	내용	비고 (주요 참가자)
나키 이와이 (ナーキ祝い)	음력 11월의 戊 또는 己 (12월 7일)	내년에 작물이 풍년 들기를 축원. 무야마의 자손들이 신전에 공물을 차림	쓰카사, 촌락의 유지, 대장장이의 친척 등
가지야누니가이 (鍛冶屋ぬ願い)	음력 12월의 庚 또는 辛 (12월 24일)	철야로 후이고 마쓰리(ふいご祭)를 행함	후이고(ふいご)는 대장간에서 사용하는 송풍기
피루즈마마쓰리 (ピルずま祭)	양력 1월 23일	여섯 명의 쓰카사들이 이시카와 집안에 모임. 이시카와 쓰카사가 상자에 보관한 칼을 두 개 꺼내서 첫 수확한 마늘을 상에 차리고 축원	쓰카사, 남자 1명이 선도 역할, 재배하기 쉽고 뿌리가 강한 마늘처럼 모든 작물이 잘 자라기를 축원
합동 축하회 (米壽生年合同祝賀會)	양력 2월 25일	미수 및 생일을 맞은 사람을 축하	
이월제 (二月祭)	음력 2월의 壬 또는 癸 (3월 21일)	마치 우타키(眞知御嶽), 마이누 우타키(淸明御嶽), 후이나 우타키(國仲御嶽)를 쓰카사가 돌며 축원, 이후 조상신을 모신 우타키 참배	쓰카사의 축원

다나두이의 여성 사제 쓰카사의 존재

공민관은 다나두이를 주관하는 공식 기관으로 공민관의 관장을 중심으로 마쓰리를 준비한다. 그런데 마쓰리 기간에 현장에서 제례 일체를 집행하는 사람은 따로 있다. 보통 '쓰카사(神司)'라고 부르는 여성 사제이다. 이 섬의 쓰카사는 한국의 '무녀'와 같은 존재이다. 정식으로는 '간쓰카사'라고 부르는데, 이는 '신에게 기원하는 여자(祈る神女)'라는 의미를 지닌 오키나와 말이다. 이 말은 오키나와 본도(沖縄本島)에서 부르는 '노로(ノロ)'나 '니간(根神,ニーガン)'에 대응한다. 노로나 니간은 양쪽 모두 신과 교류하는 능력을 지닌 신녀를 가리키는 말이다. 노로나 니간에 해당하는 신녀(神女)를 미야코(宮古) 및 야에야마(八重山) 지역에서 부르는 호칭이다.

2002년 당시 다케토미지마에는 6명의 쓰카사(神司)가 현역으로 활동하고 있었다. 나는 섬에 머무는 동안에 병으로 입원 중이던 한 사람을 제외하고, 모두 다섯 명의 쓰카사를 상대로 면담을 진행하였다. 그 중에서 쓰카사 한 분이 들려준 그의 생애사 일부를 소개하기로 한다.[김용의, 「오키나와 다케토미지마(竹富島) 지역의 우타키(御嶽) 신앙」『일본어문학』 제20집, 2004, 한국일본어문학회]

> 어머니는 21살 때에 암으로 죽었다. 1975년 12월 18일에 간비라키(カンビラキ)[쓰카사가 되기 위한 의례]를 했다. 간비라키 때는 섬에 있는 우타키를 전부 돌았다. 아버지의 누이가 쓰카사였다. 1960년 도쿄에 사는 아저씨를 믿고 도쿄로 나갔다. 1966년에 도쿄에서 결혼했다. 남편은 가고시마(鹿児島) 출신이다. 도쿄에서는 보육원에서 일을 했다. 보육원에서 5,6년 동안 일을 하였다. 아버지는 식도암으로 사망했다. 신으로부터 "[다케토미지마로] 돌아가라"는 예지인지, 몸에 이상을 느끼기 시작했다. 1973년 무렵 몸이 좋지 않아서 거의 매일 병원을 다녔다. 몸이 좋지 않아서 도쿄에 있는 의사하고도 "사실대로 말해 달라, 동정하지 마시오"하고 싸움을 했다. 1974년 여름방학이 시작될 무렵에 일주일 예정으로 다케토미지마에 왔다. 신의 뜻이었는지 마침 섬에서 호넨사이(豊年祭)[현지에서는 '푸이'라고 부른다.]가

열리던 시기였다. 이 때 다케토미지마의 할머니[쓰카사]의 권유로 유타(ユタ)[점술가]를 찾아갔다. 할머니는 모두 네가 쓰카사가 되어야 한다고 생각하고 있는데, 유타를 찾아가서 확인시켜 주겠다고 했다. 이시가키지마(石垣島)에 사는 야마다 할머니라는 유타의 집에 따라 갔다. 무서웠다. 이후로 30년 동안 유타를 찾아가지 않았다. 할머니가 "이 아이는 지금 도쿄에 살고 있는데 몸이 좋지 않다. 신이 이 아이에게 바라는 바가 있는지, 진짜로 병에 걸린 것인지 알려 달라"라고 말했다. 할머니는 나의 옆에서 "[유타] 할머니의 힘으로 지금 이 아이를 [저 세상으로] 데려가면 안 된다고 신에게 빌어 달라"라고 부탁했다. 유타 할머니는 향을 피우고 빌기 시작했다. 유타가 "할머니 일을 네가 대신 해야 된다" "할머니의 다음은 너다"라고 말했다. 나는 소리를 내어 울기 시작했다. 1975년에 섬으로 돌아왔다.[2002년 7월 5일 저자 채록]

다케토미지마의 쓰카사는 각자 그들이 맡아서 관리하는 우타키가 있다. 구술자 U할머니는 1933년생으로 하나쓰쿠온(花城御嶽)이라는 우타키를 맡고 있는 쓰카사이다. 1975년 12월 18일에 쓰카사가 되었다. 내가 면담한 섬의 쓰카사들은 모두 본인의 의지와는 무관하게 쓰카사가 될 운명에 처해 있었다. 그리고 쓰카사가 되기까지 공통적으로 무병(巫病)을 체험하였다는 특징이 있다. 이 현상을 가리켜 오키나와에서는 '가미다리(カミダーリ, 神祟り)'라고 부른다. 이는 주술적 능력을 지닌 무녀가 될 때에 발생하는 일종의 빙령(憑霊) 상태를 의미한다. 초자연적 존재인 신과 인간이 교류하는 신비적 체험이다. 가미다리 현상은 오키나와의

무속 세계를 이해하는데 있어서 중요한 의미를 지닌다. 내가 면담한 섬의 쓰카사들은 공통적으로 심신쇠약, 환각, 이상한 꿈 등과 같은 가미다리를 체험하였다고 한다. 이 과정을 거쳐 본인은 물론이고 주위 사람들도 이들이 쓰카사가 될 운명이라는 것을 깨닫고 인정한다.

일반적으로 신을 가까이에 모시고 섬기는 사람들은 태어날 때부터 운명적으로 영적 능력을 갖추고 있다고 한다. 오키나와에서는 이 능력을 가리켜 특별히 '사다카우마리(サーダカウマリ)'라고 부른다. 이는 오키나와에서 무속을 담당하는 노로(ノロ)나 유타(ユタ)가 갖추어야 할 필수 조건이기도 하다. 이들은 태어날 때부터 사다카우마리의 자질을 갖추고 있으며, 이를 신의 뜻으로 받아들인다.

나는 면담을 했던 다섯 명의 쓰카사 중에서도 특히 U할머니와 이야기를 나눌 기회가 많았다. U할머니는 한국에서 찾아온 내게 무척 호의적으로 대해 주었다. 어느 날은 집으로 찾아가니, 깊숙이 보관하고 있던 쓰카사 의상과 제문(祭文)을 일부러 꺼내서 보여주며 사진을 찍으라고 먼저 권한 적도 있었다. 젊은 시절 도쿄의 보육원에서 몇 년 동안 일한 경험이 있는 만큼, 나를 배려해서 가급적 현지 방언을 섞지 않으며 이야기를 들려주었다. 내가 사진을 다 찍고 나자 가까운 해변을 산책하자면서 휠체어를 밀어달라고 한다. 그때 해변을 함께 거닐며 U할머니와 많은 이야기를 나누었다. 그 이야기 중에는 공개가 쉽지 않은 개인 신상에 관한 내용도 포함되어 있다. 나는 당시의 해변 풍경과 함께 그때 나누었던 여러 '신비한 이야기'를 지금도 잘 기억하고 있다.

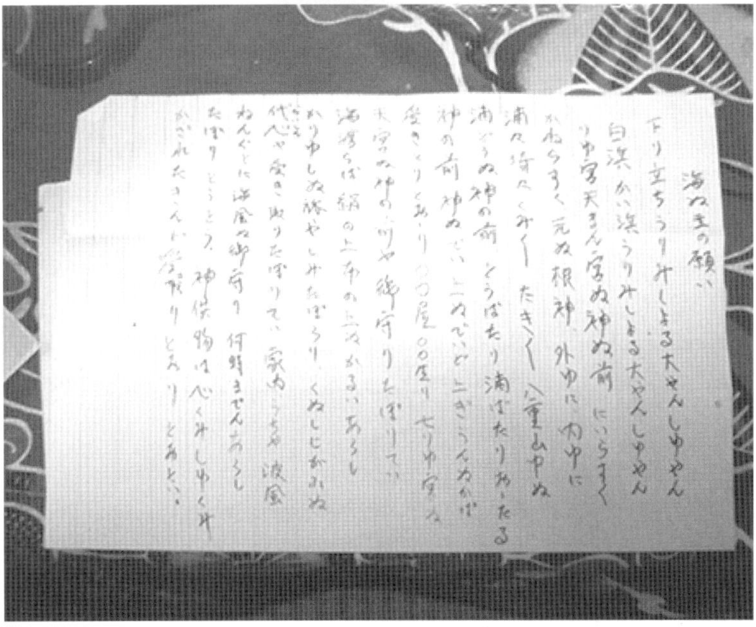

1 쓰카사 무녀가 의례에 착용하는 의상

2 쓰카사가 해신에게 기원할 때의 제문

9일 동안의 다나두이 일정

다나두이는 모두 9일 동안 진행한다. 첫날 봉납예능의 연습 및 예능의 배역 결정을 시작으로 9일째 뒷정리에 이르기까지 9일 동안이다. 특히 7일째 경인일(庚寅日)과 8일째 신묘일(辛卯日)은 신에게 예능을 봉납하는 날이다. 이틀 동안 무대예능과 마당예능으로 나누어 다양한 예능을 봉납하기 때문에 주로 이 때 외부 사람들이 구경하러 몰려든다. 나도 2016년과 2017년의 현지조사를 주로 그 이틀 동안의 봉납예능에 집중하였다. 9일 동안의 주요 일정을 [표 2]에 정리해 보았다.

[표 2] 다케토미지마 다나두이 9일 동안의 일정

<table>
<tr><th>날자</th><th>간지</th><th>주요 행사내용</th><th>비고</th></tr>
<tr><td>1일째</td><td>갑신일
(甲申日)</td><td>봉납예능 연습 시작 및 예능의 배역 결정</td><td></td></tr>
<tr><td>2일째</td><td>을유일
(乙酉日)</td><td rowspan="3">예능 연습 및 행사 때 사용할 음식 장만</td><td rowspan="3"></td></tr>
<tr><td>3일째</td><td>병술일
(丙戌日)</td></tr>
<tr><td>4일째</td><td>정해일
(丁亥日)</td></tr>
<tr><td>5일째</td><td>무자일
(戊子日)</td><td>다타미(畳) 반 첩 넓이의 밭에 종자 파종. 이이야치(飯初)를 만듦. 유무치 우타키(世持御嶽)에서 간쓰카사가 다네도리사이의 기원을 올림. 무대 막사 설치</td><td>이이야치(飯初)는 조와 차진 곡물, 팥으로 만드는 다케토미지마 전통 떡</td></tr>
<tr><td>6일째</td><td>기축일
(己丑日)</td><td>은가소지ンガソージ(大精進日).
주사(主事) 집에서 오나리 신(オナリ神)을 초대하여 '이이야치카미(飯初戴み)' 의식을 거행. 밤에는 각 마을에서 봉납예능 준비</td><td>은가소지는 부모의 기일(忌日) 등에 육식을 하지 않고 채식만을 한다.</td></tr>
</table>

날자	간지	주요 행사내용	비고
7일째	경인일(庚寅日)	하자마 촌의 무대예능 봉납. 밤에는 하자마 동쪽 마을·하자마 서쪽 마을·나카스지 마을로 나뉘어 각 가정을 도는 '유쿠이(世乞い)'를 거행	유쿠이는 풍요·풍년을 바라는 축원이다. 다네도리사이에서는 각 집을 돌며 노래를 부른다.
8일째	신묘일(辛卯日)	나카스지 촌의 무대예능 봉납	
9일째	임진일(壬辰日)	뒷정리 및 결산	

1 마을회관에서 다나두이 무대예능 연습

2 다나두이 기간에 준비해서 먹는 이이야치

1 마을 유지들이 아침 일찍 미륵전 앞에 모여서 엄숙하게 제의를 진행
2 다나두이의 중심 우타키인 요모치 우타키에 모인 쓰카사 무녀들
3 미륵전의 내부 모습. 바닥에 제물로 바친 조가 놓여 있다.

다나두이 봉납예능의 조직과 종목

다나두이는 무엇보다도 봉납예능이 볼거리이다. '봉납예능'이라고 부르는 데서 알 수 있듯이, 이 예능은 신에게 바치기 위한 예능이다. 마쓰리 기간에 섬을 찾아온 신을 최대한 즐겁게 해드리기 위한 목적에서 예능을 봉납한다. 다토미지마 섬은 크게 하자마(玻座間) 동쪽 마을, 하자마 서쪽 마을, 그리고 나카스지(仲筋)라는 세 개의 마을로 나뉜다. 이들 마을에는 각각 하자마 예능보존회와 나카스지 예능보존회가 결성되어 있어서, 봉납예능은 이들 보존회에서 역할을 나누어 맡는다. 말하자면 마쓰리 조직이 이원화되어 있다. 두 보존회를 합쳐서 '다케토미지마 민속예능보존회'라고 부른다.

마당예능 종목 중의 봉 종목

마당예능 종목 중의 북 종목

예능은 크게 교겐부(狂言部)와 무용부(舞踊部)로 구별한다. 교겐부는 주로 남성들이 담당하며 연극적 요소가 강한 단막극 위주로 연행한다. 무용부는 여성들이 담당하며 춤을 중심으로 연행한다. 교겐부 종목을 살펴보면 마당예능에 속하는 봉(棒), 북(太鼓), 승마(馬乗者) 등이 있다.[승마를 가리켜서 '우마누샤'라고 한다.] 무대예능에는 혼자(ホンジャー), 미루쿠(ミルクー), 구미오도리(組踊) 등이 있다. 이틀 동안에 걸쳐 봉납하는 많은 예능 종목을 일일이 거론하며 설명하기가 쉽지 않다. 그 중에서 하자마 마을에서 담당하는 마당예능 종목을 중심으로 정리하면 [표 3]과 같다.

[표 3] 다나두이의 마당예능

순서	종목	내용	비고
1	봉 (棒)	법라(法螺貝)·징(銅鑼)·북 소리와 함께 1번 봉에서 5번 봉까지의 종목 연출	다나두이를 시작할 때의 정화나 재계(齋戒) 의미
2	북 (太鼓)	맨 뒷줄에 선 젊은이 복장을 한 사람이 징을 들고 리드하여 다양한 타법을 연출	남자 중학생·남자 교원·노인들이 출연
3	마미도 (マミドー)	'마眞'와 '미도女'라는 말의 조합으로 '뛰어난 여자', '여자 중의 여자', '일을 잘하는 여자'라는 의미	고소코 지쿠둔(小底筑登之)이 안무를 창작
4	짓추 (ジッチュ)	소매 한 쪽을 벗고 춤	짓추는 열 명이라는 의미
5	마사카이 (眞榮)	마사카이의 개척정신을 노래한 것이 바로 마사카이부시(眞榮節)라는 노래	마사카이는 인명으로 1701년에 오야마(大山) 집안에서 태어나 19세에 분가
6	우디보 (腕棒)	가라테(空手)를 도입하여 만든 여성끼리의 대련 연기	나카자토 조세이(仲里長正)가 여성들이 공연하도록 고안
7	파종을 축복하기 (祝い種子取)	세 곡으로 구성한 춤	이시가키 다케토미 향우회(石垣竹富鄕友會) 부인부에서 봉납
8	은마누샤 (馬乘者)	머리에 만사지 띠, 다리에 각반과 짚신, 그리고 복부에는 말 모양 장식물을 동여매고 춤	치주네(道ジュネー) 예능 계열

1	2
3	4
5	6

1 마당예능 중의 마미도 종목
2 마당예능 중의 짓추 종목
3 마당예능 중의 마사카이 종목
4 마당예능 중의 우디보 종목
5 파종을 축복하기(祝い種子取) 종목
6 마당예능 중의 은마누샤 종목

다케토미지마의 우타키 신앙

다나두이 기간에는 쓰카사들이 우타키에 가서 의례를 진행한다. 2002년 당시 내가 현지에서 조사한 결과에 의하면 다케토미지마에는 공식적으로 알려진 것만 해도 모두 28곳에 우타키가 마련되어 있었다. 앞서 언급한 다케토미지마 출신의 민속연구자 우에세도씨는 생전에 "다케토미지마에는 신을 모신 곳이 88곳이나 있었다."라고 말하였다.[上勢頭亨, 『竹富島誌 民話·民俗編』, 1976, 法政大學出版局] 이전에는 이 섬에 훨씬 많은 우타키가 존재했을 가능성이 크다.

다케토미지마의 28곳 우타키 중에서 신앙적으로 가장 중요한 위치를 차지하는 것은 현지 사람들이 특별히 '무야마(六嶽, ムーヤマ)'라고 부르는 6곳의 우타키이다. 무야마는 하자마온(波座真御嶽, ハザマオン), 나지온(仲筋御嶽, ナージオン), 곤토온(幸本御嶽, コントオン), 구마라온(久間原御嶽, クマーラオン), 하나쓰쿠온(花城御嶽, ハナツクオン), 바이야온(波利若御嶽, バイヤオン)을 가리킨다.[여기서 '온(オン)'은 우타키의 별칭이다.] 무야마에 마이누온(清明御嶽, マイヌオン), 후이나온(国仲御嶽, フイナーオン) 2곳을 더한 8곳 우타키를 '야야마(八嶽, ヤーヤマ)'라고 부른다. 또한 여기에 니시토온(西塘御嶽, ニシトウオン)을 더한 9곳을 '구누야마(九嶽, クヌヤマ)'라고 따로 부르기도 한다. 이들 우타키는 앞서 언급한 다케토미지마의 유래 및 다나두이의 기원과 밀접한 관련이 있는 중요한 성소(聖所)이다.

1 하자마 우타키 전경

2 하자마 우타키 내부 모습

무야마는 『류큐국 유래기(琉球國由來記)』라는 문헌에도 기록되어 있다. 이 문헌은 류큐왕국에서 작성한 공식 기록으로, 1713년 국왕이 열람하였다는 기록이 남아 있다. 기록에는 무야마의 명칭, 제신의 성격, 우타키의 위치 등이 나와 있다. 이 기록의 내용을 요약하여 표를 작성하면 [표 4]와 같다.

[표 4]에서 '이베나(御イベ名)'는 신명(神名)과는 따로 부르는 신에 대한 존칭이다.

[표 4] 『류큐국 유래기』에 기록된 여섯 우타키 무야마(六嶽)

우타키 명칭	신의 이름 (神名)	이베나 (御イベ名)	건너온 곳 (御渡)	제신
하자마 우타키 (波座眞御嶽)	도요미오레야마 (豊見ヲレ山)	하타토오아루지 (ハタト大アルジ)	야쿠시마 (屋久島)	네하라칸두
나지 우타키 (仲筋御嶽)	미야토리야가미야마 (宮鳥ヤ神山)	이헤스시야 (イヘスシヤ)	오키나와 본도 (オキナワカナシ)	아라시바나카사나리
곤토 우타키 (幸本御嶽)	구니노네노가미야마 (國ノ根ノ神山)	모치야이오아루지 (モチヤイ大アルジ)	구메지마 (久米島)	곤투후신가라
구마라 우타키 (久間原御嶽)	아가리구마마가미야마 (東久間眞神山)	도모리오아루지 (友利大アルジ)	오키나와 본도 (オキナワカナシ)	구마하라하쓰
하나쓰쿠 우타키 (花城御嶽)	도요미하나사우 (豊見ハナサウ)	이헤스시야가와스시야 (イヘスシヤカワスシヤ)	오키나와 본도 (オキナワカナシ)	다가니둔
바이야 우타키 (波利若御嶽)	아라카시노가미야마 (新カシノ神山)	소데타레오아루지 (袖タレ大アルジ)	도쿠노시마 (德之島)	스가둔

가족 삼대가 한자리에 모여서 공부하는 전통예능

2016년 대학원의 제자들과 다나두이를 견학하며 보람된 시간을 보냈다. 공식적인 다나두이 일정이 모두 끝난 후에, 우리 일행은 나카스지 마을의 예능보존회 회원들이 마련한 '뒤풀이' 자리에 초대를 받았다. 물론 가리마타 교수가 주선한 덕분이다. 오키나와의 전통주 아와모리에 좋은 안주를 곁들여 마음껏 먹고 마시는 떠들썩한 자리인데도, 뒤풀이에 참석한 회원들의 표정이 자못 진지하다. 뒤풀이이지만 이 자리는 회원들이 한 자리에 모여 이번 마쓰리를 되돌아보며 내년을 위해서 무엇이 필요한 지를 점검하는, 일종의 '반성회'와도 같은 자리이기 때문이다. 나는 마쓰리 기간 동안에 이들이 공연한 봉납예능에도 반했지만, 이들의 '뒤풀이' 자리를 지켜보면서 또 다른 차원에서 많은 것을 배우고 느꼈다.

예능보존회 회원들의 예행연습 광경

나카스지 마을 예능보존회 회원들의 뒤풀이

이날 모인 예능보존회 회원들은 약 30명 정도 되었다. 내가 함께 어울리면서 물어보니, 이들은 거의 모두가 가깝거나 먼 친척뻘이 된다고 한다. 말하자면 나카스지 마을은 지역공동체에 혈연공동체가 결합된 커뮤니티 사회인 셈이다. 회원 중에는 형과 동생, 삼촌과 조카, 아버지와 아들 관계에 있는 회원들이 적지 않다. 그 중에 특히 할아버지, 아버지, 손자에 이르는 삼대가 같이 보존회 회원으로 활동하고 있는 '다나두이 삼대' 집안이 유독 내 눈에 띄었다. 이들의 대화를 지켜보고 있자니 너무도 부러운 생각이 들었다. 삼대가 함께 술잔을 기울이며 이제까지 각자 겪었던 다나두이, 그리고 앞으로 겪어야 할 다나두이에 대해서 각각의 관점에서 기탄없이 발언하고 토론한다. 이들 삼대의 가족 사이에는 굳이 "좋은 대학 가라" "부모에게 잘해라"라는 등의 말이 필요 없을 것 같다. 그들이 진지하게 토론하는 광경 하나만 보더라도, 다케토미지마에 다나두이라는 마쓰리가 꼭 필요한 이유를 충분히 알 수 있을 것 같았다. 자연스럽게 한국 농어촌의 동제를 비롯한 민속문화의 보존 현실은 어떠한지를 생각하게 된다. 부러운 생각이 들지 않을 수가 없다.

제2장

나가사키 현 쓰시마의 아리랑 마쓰리

'아리랑 마쓰리' 이름에 새겨진 한일관계

2003년 한 해에 쓰시마(對馬) 섬을 세 번 방문하였다. 쓰시마는 한국에서 '대마도'라는 이름으로 너무나 익숙한 섬이다. 행정구역으로 쓰시마는 나가사키 현(長崎縣) 쓰시마 시(對馬市)이다. 2004년에 섬 전체가 하나의 시로 통합되었으며 2019년 현재 인구는 약 3만 명 정도이다.

첫 번째 방문은 8월 여름에 내가 논문지도를 하던 대학원생들과 함께 갔다. 마침 가깝게 지내던 오키나와국제대학의 이나후쿠 미키코(稲福みき子) 교수와 연락이 되어, 이나후쿠 교수가 지도하던 오키나와의 대학원생들과 공동으로 현지 민속조사를 할 수 있었다. 이번 방문은 쓰시마의 이즈하라(嚴原)에서 개최하는 '쓰시마 아리랑 마쓰리(対馬アリラン祭)'를 견학하고 자료를 정리하는 것이 주된 목적이었다. 이 마쓰리는 해마다 8월 제1 토요일과 일요일 이틀에 걸쳐 개최한다.

한국에서는 단지 '아리랑 마쓰리'라는 명칭으로 알려졌지만, 실은 마쓰리의 정식 명칭은 '이즈하라정 미나토 마쓰리·쓰시마 아리랑 마쓰리(嚴原町港まつり対馬アリラン祭)'로 표기한다. 마쓰리 명칭이 이렇게 길어진 데는 그만한 이유가 있다. 1965년부터 이즈하라(嚴原)에서 실시해온 미나토 마쓰리(港まつり)에, 1980년부터 한국에서 참가하는 조선통신사 행렬을 포함시키면서 붙여진 이름이다.

'미나토 마쓰리'라는 종래의 마쓰리에 '아리랑 마쓰리'라는 명칭이 덧붙여진 과정이 흥미롭다. 1980년 3월 쓰시마에서 <에도시대의 조선통신사(江戸時代の朝鮮通信使)>라는 영화의 상영회가 열렸는데, 마침 이 영화를 관람한 기노모 가게의 주인이 조선통신사 행렬의 재현을 생각하게 되었다고 한다. 그는 발 빠르게 '조선통신사 행렬진흥회'라는 모임을 결성하여, 그 해 미나토 마쓰리에 조선통신사 행렬을 추가시켰다.

그 후 1990년 나가사키 여행박람회(長崎旅博覧会) 개최를 계기로 '아리랑 마쓰리'라는 명칭을 정식으로 추가하게 되었다. 이 명칭은 2012년까지 줄곧 사용되었다. 그러던 중에 2012년 10월 한국 매스컴에서도 널리 보도된 이른바 '쓰시마 불상도난 사건'이 발생하였다. 한국에서 건너간 범인들이 쓰시마의 가이진 신사(海神神社)의 동제여래입상, 간논지(觀音寺)의 동제관세음보살좌상, 다쿠즈다마 신사(多久頭魂神社)에서 보관하던 대장경 등의 문화재를 훔쳐서 한국으로 반입하였다. 그 문화재의 반환을 놓고 한국과 일본 사이에 갈등이 심화되자, 이후 다시 마쓰리 명칭에서 '아리랑 마쓰리'를 삭제하고, 원래의 명칭을 사용하게 되었다.

말하자면 쓰시마 이즈하라의 마쓰리 명칭에 한일관계의 명암이 드리워져 있는 셈이다.

1
2

1 한국에서 참가한 조선통신사 행렬 농악대
2 조선통신사 행렬의 한국 무용단

1	1 조선통신사 행렬의 마쓰리 대회장 입장
2	2 가마를 탄 조선통신사 행렬

우리 팀은 미리 예약해둔 가바라(賀原) 민박이라는 곳에 짐을 풀었다. 이 민박집은 미쓰시마 정(美津島町)에 위치하는데 '가바라'는 주인 가바라 야스히코(賀原安彦)씨의 성을 따서 지은 이름이다. 아버지와 딸 둘이서만 운영하는 단촐한 민박집이다. 섬 지역답게 아침저녁으로 차려주는 음식이 바다에서 갓 잡아올린 해산물 위주로 신선하고 맛이 좋았다. 특히 저녁 식사 후에 민박집 주인이 들려주는 섬의 역사가 흥미로웠다. 일제강점기 쓰시마에는 한국인이 많게는 1,000명 가까이 거주하였는데, 그들은 주로 목탄을 만드는 작업을 하였다고 들려주었다.

섬에 도착한 이튿날 우리는 아침 식사를 일찍 마치고 바로 마쓰리 장소로 이동하였다. 마쓰리는 이즈하라 항구 선착장 부근에 설치된 특설무대를 중심으로 진행한다. '아리랑 마쓰리'는 역사적으로 유서가 깊은 마쓰리는 아니다. 한국에서 찾아오는 관광객 유치를 목적으로 일종의 문화 이벤트에 가까운 형식으로 개최한다. 문화 이벤트에 가까운 마쓰리에 어울리게 특설무대에서 행하는 초청가수 공연을 비롯하여 조선통신사를 복원한 배의 입항 및 승선 체험, 조선통신사 행렬 재현, 불꽃놀이 대회 등으로 이루어진다.

마쓰리에서 가장 볼거리는 당연히 조선통신사 행렬이다. 이날 행렬 참가자들은 정해진 시간에 가네이시조(金石城) 성터에 조성한 성문[이 성문을 '노구라몬(櫓門)'이라고 부른다.] 부근으로 모여든다. 행렬은 오후 3시 무렵 이곳에서 출발하여 특설무대를 향한다. 쓰시마에 주둔하는 자위대의 군악대를 선두로 하여, 한자로 조선통신사라고 쓴 플랜카드를 치켜든 사람, 쓰시마 번주(藩主),

유학자 아메노모리 호슈(雨森芳洲), 청도(淸道) 깃발, 국서(國書)를 실은 가마, 정사, 부사, 종사관의 가마 순으로 이어진다. 정사, 부사, 그리고 종사관의 뒤로는 한국에서 참가하는 취주악단 및 무용단이 뒤따르며 흥을 돋는다. 행렬이 모두 특설무대에 도착하면 무대 위에서 조선의 정사와 쓰시마 번주 사이에 국서교환이 이루어진다. 국서 교환이 끝나면 특설무대에서 축하 공연이 이어진다.

특설무대에서 축하 공연이 진행되던 중에 반가운 친구를 발견했다. 에히메 대학(愛媛大學) 교수로 있는 무라카미 가즈히로(村上和弘)씨이다. 그는 내가 유학했던 오사카 대학 대학원의 일 년 선배이다. 나보다 선배지만 내가 나이가 많아서 친구처럼 각별하게 지냈던 사이이다. 뜻밖에도 쓰시마에서 마주친 것이다. 무라카미 교수는 문화인류학 및 민속학 연구자로 몇 해째 쓰시마를 방문하며 연구 중이었다. 그 역시 이번에 아리랑 마쓰리를 조사하기 위해서 왔다고 한다. 이후 그는 쓰시마 조사를 계속하여 연구 성과를 박사학위 논문으로 마무리하였다.[村上和弘, 「근현대 쓰시마의 '한일교류'에 관한 문화인류학적 연구」, 2015, 울산대학교 대학원]

번주 가문의 묘지 반쇼인과 조선국왕의 기증품

쓰시마에 체류하던 3박 4일 동안에 우리 팀과 이나후쿠 교수 팀은 저녁 식사가 끝나면, 우리가 머무는 민박집에 모여서 각 팀에서 조사한 내용을 보고하고 공유하였다. 우리 팀은 마침 9

명이라서 세 개 조로 나뉘어 따로 행동하였다. 보고를 들어보니 조사 기간 동안에 각 조는 반쇼인(萬松院)을 빼놓지 않고 들렀다.

반쇼인은 쓰시마 후추 번(府中藩)의 초대 번주 소 요시토시(宗義智)의 법명이다. 소(宗)는 대대로 쓰시마를 통치하던 가문의 성씨이다. 그가 1615년 5월 3일에 사망하자 그에게 이 법명을 추서하고, 그의 묘지 아래에 법당을 세워 쇼온지(松音寺)라고 이름을 붙였다. 후에 법당 이름은 그의 법명을 따서 반쇼인이라고 고쳐서 부르게 되었다. 반쇼인은 1647년에 현재 위치로 옮겼다고 한다.

흥미로운 것은 반쇼인에 역대 쓰시마 번주의 위패뿐만이 아니라, 역대 도쿠가와(德川) 쇼군(將軍) 가문의 위패가 함께 안치되어 있다는 점이다. 이는 일본의 메이지 유신(1868) 이후에 닛코(日光) 도쇼구(東照宮)에 안치되어 있던 위패를 이곳으로 옮겨왔기 때문이다. 메이지 유신으로 인해 다시 천황이 모든 권력의 정점에 위치하게 되자, 그 동안 천황을 능가하는 권력을 휘둘러왔던 도쿠가와 쇼군 가문의 위세를 떨어뜨리기 위한 목적에서 이곳으로 옮겼다. 말하자면 도쿠가와 가문의 위패를 멀리 변방에 위치한 쓰시마로 유배를 시킨 셈이다.

법당 안에는 당시 조선에서 보내준 제례용 도구가 전시되어 있어서 우리들의 눈길을 끈다. 학과 거북이 모양으로 주조한 청동 촉대, 향로, 꽃을 꼽을 수 있는 받침대 3점이다. 전시물 바로 옆의 벽에는 "조선 국왕이 기증한 삼구족(三具足)입니다."라고 종이에 짧게 적은 설명문이 붙어있다. 당시 조선 국왕과 쓰시마 번주의 위상을 고려한다면, '기증'이 아니라 '하사'라는 표현이 더욱 정확하겠다는 생각이 들었다.

반쇼인 뒤로 이어진 계단을 따라 올라가면 번주 가문의 묘지가 삼단으로 조성되어 있다. 상단은 초대 요시토시를 비롯한 역대 번주 및 정실 부인의 묘지, 중단은 측실 및 아이들의 묘지, 하단은 번주 가문 일족들의 묘지이다. 상단 정면에 조성된 소 요시나리(宗義成)의 묘비가 유난히 커서 눈에 띄었다.[묘비에는 법명 '光雲院'으로 적혀있다.]

반쇼인 산문

반쇼인 안에 전시된 조선 국왕이 기증한 삼구족(三具足)

대대로 쓰시마 번주를 역임한 소(宗)씨 가문하면 빠뜨릴 수 없는 것이 조선 왕실의 덕혜옹주(德惠翁主)의 존재이다. 2016년에 개봉한 영화 〈덕혜옹주〉는 비록 역사적 사실에 관한 논란을 유발하였지만, 그 동안 잊혀져가고 있던 덕혜옹주의 존재를 다시 주목하게 하였다. 그는 일제강점기 어린 나이에 일본에 유학하여 주로 일본의 왕족들이 다니던 여자 가쿠슈인(女子學習院)에서 공부한 적이 있으며, 1931년에 쓰시마 번주 가문의 소 다케유키(宗武志)와 결혼하였다. 그의 파란만장한 생애에 대해서는 신조 미치히코(新城道彦)라는 조선 왕족 연구자가 책으로 엮어서 참고가 된다.[新城道彦, 『朝鮮王公族』, 2015, 中央公論新社]. 신조 미치히코는 덕혜옹주와 소 다케유키의 결혼이 가능했던 배경 중의 하나

1 반쇼인 내부에 안치된 역대 도쿠가와(德川) 쇼군(將軍) 가문의 위패
2 번주 가문 묘지로 올라가는 계단

3 20대 번주 소 요시나리(宗義成)의 묘지

4 소 요시나리(宗義成)의 묘비

로 당시 소 미치히코가 처한 재정적 압박을 들고 있으나, 조선시대에 소씨 가문이 조선과 일본 사이에서 중개 역할을 했다는 역사적 정황도 고려되었음이 분명하다. 당시 쓰시마에 거주하던 조선인들이 세웠던 '덕혜옹주결혼봉축기념비(德惠翁主結婚奉祝記念碑)'가 후대에 복원되어 현재 쓰시마 이즈하라에 있는 공원에 세워져있다.

다쿠즈다마 신사(多久頭魂神社)의 제례

2003년 10월에 대학원생들과 쓰시마를 다시 방문하였다. 올해 두 번째 방문이다. 이번에는 다쿠즈다마 신사(多久頭魂神社)에서 가을에 거행하는 전통적인 마쓰리(제례)를 조사하기 위해서였다. 다쿠즈다마 신사는 쓰시마 시 이즈하라 정 쓰쓰(豆酘)라는 곳에 위치한다. 같은 이름과 비슷한 성격을 지닌 신사가 쓰시마의 가미아가타 정(上縣町) 사고(佐護)에도 있다. 그 때문에 두 신사를 자칫 혼동하기 쉽다.

우리 일행은 쓰쓰에 있는 민박집에 숙소를 잡았다. 민박집은 다쿠즈다마 신사에서도 머지않아서 이동하기가 편했다. 민박집 화장실이 순천 선암사의 '해우소'처럼 재래식이다. 재래식 화장실에 익숙하지 않은 어떤 대학원생이 화장실을 다녀와선 매번 기겁을 해서 모두 같이 웃기도 하였다.

우리는 짐을 풀어놓고 곧장 다쿠즈타마 신사로 향했다. 신사 입구에는 여느 신사와 마찬가지로 돌기둥을 세운 도리이(鳥居)가 세워져 있다.[도리이는 사찰의 법륜, 교회의 십자가에 해당하는 신사

1 다쿠즈다마 신사 입구에 세워진 도리이

2 신사로 들어서며 입구에 놓인 소금으로 몸을 재계한다.

의 상징물이다. '鳥居'라는 표기에서 알 수 있듯이, 민간신앙의 기원을 따지면 한국의 솟대와 유사한 상징물이다.] 도리이 기둥 한쪽 아래에는 소금을 놓아두었다. 마쓰리 기간 동안 신사는 신이 강림하는 성스러운 공간이므로, 여기 출입하는 사람들은 부정을 타지 않도록 소금으로 몸을 정갈하게 하라는 의미가 담겨 있다.

신사 안으로 들어서니 마을 사람들이 모여서 마쓰리 준비에 여념이 없다. 일본어로 '구지(宮司)'라고 부르는[절의 승려, 교회의 목사에 해당한다.] 신사의 책임자에게 인사를 건네니 반갑게 맞이한다. 모토이시(元石)라는 성을 가진 구지는 농업을 겸하고 있던 분으로, 한국에서 내가 미리 전화로 부탁을 드렸던 터이라, 신사를 찾아온 목적을 일부러 설명하지 않아도 친절하게 안내하며 설명을 해주었다. 우리 일행은 마쓰리 준비에 방해가 되지 않도록 조심하면서, 모토이시 구지와 신사 경내를 둘러보며 마을 사람들과도 대화를 나누었다.

신사의 경내 한쪽에서는 마쓰리 기간에 사용할 금줄을 꼬고 있다.[이 금줄을 가리켜서 시메나와(注連縄)라고 한다.] 이 금줄은 신사 전각 및 주위에 있는 신목(神木)에 걸어둔다. 완성한 금줄을 이미 신목에 걸고 있는 사람도 눈에 띈다.[신목에 관해서는 이 책 제6장을 함께 참조]

경내 신사의 주신(主神)을 모신 본전 정면에 흰 종이를 오려서 만든 고헤이(御幣)를 장식한 굵은 금줄을 옆으로 길게 걸어두었다. 이 본전은 본래 존재하지 않았고 다른 지역의 관음당을 옮겨왔다고 한다. 1868년 이른바 '신불분리령(神佛分離令)'이 내려진 이후에 신도가 불교를 배척하고 절대적인 우위를 점하게 되자

1	**1** 시메나와 금줄을 꼬는 모습
2	**2** 신목에 금줄을 두르는 장면

1	**1** 청신(廳神)을 모신 구니모토 신사
2	**2** 신사의 본전 : 마쓰리 기간이라서 금줄을 걸어두었다.

그 관음당을 신사의 전각으로 삼게 되었다고 한다. 그 본래 관음당은 1956년에 발생한 화재로 인해서 소실되었다. 그 때문인지 일반적인 신사의 건축 양식이 아니라 사찰에 가까운 건축 양식이다. 다쿠즈다마 신사 본전에는 모두 다섯 신이 안치되어 있다. 다섯 신은 아마테라스오미카미(天照大神), 天忍穗耳命(아메노오시오미미노미코토), 호오리노미코토(日子穗穗出見尊), 니니기노미코토(彦火能邇邇芸尊), 우카야후키아와세즈노미코토(鵜茅草葺不合尊)로 모두 일본 신화에 등장하는 유명한 신들이다.

경내에는 본전의 신 이외에도 여러 신을 모신 조그마한 신사(사당)가 몇 곳에 세워져 있다. 일본의 신사는 주신을 모신 본전 이외에 여러 신들을 함께 제사지내는 특징이 있다. 그 중의 하나는 이름이 구니모토 신사(國本神社)이다. 신사 안내판에 제신 이름이 '청신(廳神)'이라고 적혀 있다. 익숙하지 않은 신격이라서 모토이시 구지에게 물어보고 확인하였더니, 정무(政務)를 담당하는 신이라고 들려주었다.

다쿠즈다마 신사 경내에는 한국과 관련한 문화재가 두 개 전해진다. 그 하나는 국가지정중요문화재로 지정된 금고(金鼓)이다. 이는 일본에서 '와니구치(鰐口)'라고 부른다. 금고는 불당의 정면 처마 끝에 걸어두는 불구(佛具)의 일종이다. 혹은 신사의 전각에 걸어두기도 한다. 다쿠즈다마 신사의 금고에 '禅源□巳五月日晋陽府'라고 새겨진 명문으로 보아, 고려시대 고종 32년(1245)에 지금의 경상남도 진주에서 제작된 것이라는 것을 알 수 있다.

다른 하나는 나가사키 현 지정 문화재인 대장경(大藏經)이다. 이 대장경은 합천 해인사에 보관중인 대장경 경판과 동일한 것이라고 한다. 이 대장경은 앞서 언급한 2012년 10월의 '쓰시마 불상도난 사건' 때에 없어진 이후로 현재는 그 행방을 알 수 없게 되었다.

다쿠즈다마 신사의 정기적인 제례는 10월 18일에 거행한다. 10월 17일 오후 6시 무렵부터 전야제를 지내고 전야제 제례가 끝나면 7시 무렵부터 봉납예능으로 이어진다. 다음날 18일은 본제(本祭)를 지낸다. 본제는 오전 9시부터 구지를 비롯한 지역 유지들이 참가한 가운데 엄숙하게 지낸다. 이어서 아이들이 미코시 가마를 메고 다니는 고도모 미코시(子供御輿), 아이들 씨름대회(子供相撲), 봉납예능 순서로 이어진다. 18일 오전 9시 무렵이 되자 모두들 신전에 모여서 제례를 시작한다. 이날 제례는 대략 10시 30분 무렵에 끝났다. 제례 과정을 간단하게 순서대로 요약하면 다음과 같다.

1. 제례를 집행하는 구지를 필두로 신전에 모인 모든 사람들이 신위를 향해 절을 한다.
2. 신관이 제물을 진설하는 곳의 부정한 기운을 정화하는 오하라이(お祓い) 의식을 행한다.
3. 다마구시(玉串)라고 부르는 신에게 바치는 공물을 정화하는 오하라이 의식을 행한다.
4. 대표 신관인 구지(宮司)가 보조 신관 2명, 미코(巫女)라고 부르는 여성 보조자, 마쓰리 집행위원장, 지역주민의 대표인 우지코소다이(氏子総代), 지역 주민(氏子) 순서로 오하라이를 행한다.
5. 모두 신위를 향해 절을 한다.
6. 구지가 절을 한번 한다.
7. 모두 함께 신전에서 절을 한다. 이때 녹음기로 미리 준비한 음악을 튼다.

8. 신위가 모셔진 문을 열고 제신을 맞이한다.
9. 준비한 신찬(神饌)을 진설한다.
10. 흰 종이를 오려서 만든 미테구라(みてぐら) 장식물을 봉납한다.
12. 다쿠즈타마 신사의 구지가 노리토(祝詞)라고 부르는 제문을 읽는다.
13. 춤을 봉납한다. 이 때 미코는 작은북을 두드리며 노래를 한다.
14. 다마구시를 신에게 올린다.
15. 제물을 진설할 때와는 역순으로 제물을 내리는 철찬(撤饌)을 한다.
16. 신을 보낸다. 구지가 문을 닫는다.
17. 구지가 먼저 절을 한 후에 모두 절을 한다.

1	2
3	4

1 구지의 다마구시 봉납
2 신전 안쪽 중앙에 세워진 미테구라
3 구지의 오하라이 의식(1)
4 구지의 오하라이 의식(2)

1	2
3	4

1 신위를 향해 기원을 하는 마을 유지들
2 제례를 보조하는 미코(巫女)
3 아이들이 끄는 고도모 미코시 행렬
4 아이들의 스모 대회 모습

천도신앙의 성지 핫초카쿠

쓰쓰(豆酘) 지역은 쓰시마에서도 고대부터의 오래된 민속문화가 전하는 가히 '민속의 보고'라고 부를 수 있는 지역이다. 특히 이곳은 여기저기서 이른바 천도신앙(天道信仰)의 유적을 찾아볼 수가 있다.['天道'는 '天童'으로 표기하기도 한다.] 천도신앙은 쓰시마에 전하는 신불습합(神佛習合) 형태의 신앙이다.

신불습합은 일본에 불교가 전래된 이후에 토착화하는 과정에서 종래의 신 관념과 불교가 융합하며 형성된 하나의 신앙체계이다. 신앙의 형태로서만이 아니라 일본의 불교사를 포함한 종교사에서 중요한 위치를 차지하는 종교 사상이자 종교 이론이기도 하다. 이는 '신불혼효(神佛混淆)'라는 용어로 달리 부르기도 한다. 신불의 신은 민속종교에서 숭배해온 신을 포함하여 신도 계열에 속하는 신인 경우가 대부분이다. 신과 부처는 1868년 '신불분리령(神佛分離令)'에 의해서 신도의 신과 불교의 부처를 분리하기 이전까지는 다양한 형태로 교섭하며 융합하였다.

신불습합에 의한 신과 부처의 교섭 및 융합의 흔적은 지금도 일본의 신사나 절을 가면 쉽게 확인할 수 있다. 신도의 신사 안에 불보살을 모신 전각이 세워져있는가 하면, 절 안에 신도의 신이 모셔져 있기도 한다. 마치 한국의 절 뒤쪽에 산신각이 세워져 있는 것과 비슷한 현상이다. 한국에서 관광객이 많이 찾아가는 교토 기요미즈데라(清水寺)는 그 대표적인 사례에 속할 것이다. 절 입구 산문을 들어서면 경내 한쪽에 지슈신사(地主神社)라는 신사가 있다. 일본신화에 등장하는 오구니누시노가미(大國主神)라는 신도 계열의 신을 모시고 있다. 이 신은 일본에서 남녀의 인연을 맺어주는 신으로 소문나서 전국적으로 유명하다.

쓰시마의 천도신앙은 일본에서 많은 연구자들이 주목하였다. 이른 시기의 연구로는 신화학자 미시나 쇼에이(三品彰影), 설화연구자 스즈키 도조(鈴木棠三) 등의 논고가 있다. 특히 이들은 고대 일본신도의 원형(元型)을 추구하는 과정에서 천도신앙을 주목하였다. 그 영향인지 역사소설가로 유명한 시바 료타로(司馬遼太郎)는 일찍이 기행물 시리즈 『가도를 걷다(街道を行く)』에서 일본신도라는 특이한 샤머니즘의 원형이 쓰시마와 이키(壹岐)에 존재한다고 평하기도 하였다.[司馬遼太郎, 『街道を行く壱岐·対馬の道13』, 2005, 朝日新聞出版] 현지의 민속연구자 중에는 천도를 가리켜서 고대부터 쓰쓰에서 재배하던 붉은 쌀(赤米)의 곡령을 의미하다고 해석하기도 한다.[永留久惠, 『海童と天童』, 2001, 大和書房]

천도신앙에 관해서는 최근 국내 연구를 찾아보기 어렵지만, 일찍부터 한국의 민속학자 및 문화인류학자들도 현지조사를 실시하며 한국의 서낭당을 비롯한 민간신앙과 관련하여 주목하였다. 제주도 무속 및 신화 연구의 대가 현용준 선생은 1974년에 쓰시마 현지조사 결과를 논문으로 정리하였다.[현용준, 「對馬島의 天道信仰」 『한국민속학』 7, 1974, 한국민속학회] 임동권 선생은 문화전파론적 관점에서 천도신앙의 한반도 관련성을 논하기도 하였다.[임동권, 「對馬島에 傳播된 韓文化 : 天道信仰을 中心으로」 『한국민속학』 21, 1988, 한국민속학회] 현재적 관점에서 어떤 비교연구가 가능할지, 누군가 이에 관한 후속연구를 이어갈 필요가 있겠다.

1 쓰시마 '민속의 보고' 쓰쓰의 전경

2 붉은 쌀을 경작하는 赤米 神田

다쿠즈다마 신사는 신불습합이 반영된 천도신앙의 본거지 중의 하나로 알려져 있다. 이곳은 역사적으로 천도신앙의 산악 성지인 다테라산(龍良山)을 요배(遙拜)하기 위한 곳이었다. 천도신앙은 그 신앙적 기반이 되는 '덴도 법사(天道法師)'에 관한 흥미로운 전설이 전한다. 그 내용을 요약하여 정리하면 대략 다음과 같다. [城田吉六, 『赤米傳承』, 1987, 葦書房]

> 일본 덴무(天武) 천황 시절의 일이다. 쓰쓰의 고자키(神崎) 곶에 상자 모양의 배가 한 척 흘러들었다. 이 배는 궁중에서 죄를 범한 사람을 넣어서 흘려보내는 우쓰보부네(虛船)였다. 사람들이 배에 다가가서 확인하니, 안에 용모가 뛰어난 내원(內院)의 궁녀와 시중드는 여자가 함께 타고 있었다. 사람들은 이들을 마을로 데려가서 살도록 하였다. 어느 날 아침에 시중드는 여자가 해를 향해서 소변을 보다가 일광(日光)을 받아서 임신을 하게 되었다. 이 때 태어난 아이가 덴도동자(天道童子)이다. 이 아이는 십일면관음보살의 화신으로 여겼다. 아이는 9세에 상경하여 불문(佛門)에 들어갔으며 18세에 덴도 법사(天道法師)가 되어 쓰시마로 귀향하였다. 그 때 몬무(文武) 천황이 중병에 걸려서 모두가 심려하였다. 귀복(龜卜)으로 점을 치니 쓰시마에 사는 덴도 법사가 기도를 하면 병이 나을 것이라는 결과가 나왔다. 천황은 사자를 쓰시마로 보내어 덴도 법사를 불러들이고자 하였다. 덴도 법사는 배나 수레를 이용하지 않고 주문을 외워 공중을 날아서 나라(奈良)에 있는 후지와라쿄(藤原京) 궁궐까지 갔다. 덴도 법사가 궁궐 안에 단을 쌓고 17일 동안 기도를 드리자 천황의 병이 깨끗이 나았다. 천황은 기뻐하며 천도법사에

게 호노 상인(寶野上人) 및 보살 법호를 내리고 소원을 물었다. 그러자 그는 쓰시마 사람들이 바치는 공물(貢物)을 면해 줄 것, 그리고 쓰시마 사람이 죄를 짓고 천도(天道) 성역으로 도망쳐 오더라도 죄를 묻지 않을 것을 청하였다. 천도법사는 교기(行基) 법사를 데리고 함께 쓰시마로 돌아왔다. 그리고 관음당을 세우고 교기에게 관음상을 조성하여 안치하도록 하였다. 교기는 관음상 5개를 더 만들어 안치하였다. 후세 사람들은 이를 쓰시마의 육관음이라고 불렀다. 이윽고 병을 얻은 천도법사는 다테라산(龍良山) 산속으로 들어가 평평한 바위를 겹쳐서 쌓고 그 위에 정좌하고서는 칠일 동안 밤낮으로 방울을 흔들며 경문을 읊었다. 팔일 째 되는 아침에 마침내 입정(入定)하였다. 덴도 법사가 입정한 곳에는 바위를 쌓아올린 단이 있는데, 기록에 의하면 구층 보탑이 놓여있었다고 한다. 그곳을 가리켜 오모테핫초카쿠(表八町角)라고 부른다. 그리고 다테라산 북쪽에 덴도 법사가 태어난 곳을 우라핫초카쿠(裏八町角)라고 부른다.

'덴도 법사(天道法師)' 전설에 나오는 핫초카쿠(八町角)는 한자로 '八丁角'이나 '八丁郭'으로도 표기한다. 죄를 짓고 이곳으로 도망친 사람들을 추적하지 않는다고 언급한 부분을 보면, 고대 한국의 삼한시대에 천신에게 제사를 지내던 소도(蘇塗)를 떠올리게 한다. 현재 핫초카쿠 유적지가 쓰쓰 지역에 남아 있다. 우리 일행은 다쿠즈다마 신사의 제례가 끝난 다음날 이곳을 찾았다.

핫초카쿠로 가는 길목에는 이정표가 세워져 있어서 비교적 쉽게 찾아갈 수 있다. 외부에서 이곳을 찾는 사람들이 적지 않다는 것을 알 수 있다. 들길을 따라 조금 올라가니 다테라산 입구에

1 핫초카쿠로 가는 길목에 세워진 이정표

2 핫초카쿠에 세워진 덴도 대신 현창비

'덴도대신 영지 현창지비(天道大神靈地顯彰之碑)'라고 적힌 비석이 세워져 있다. 가까운 곳에는 돌기둥으로 만든 도리이가 세워져 있고, 도리이 바로 옆 비석에는 '핫초카쿠 유래기(八丁角由來記)'라는 제목으로 설명문을 새겨 놓았다. 유래기를 읽어보니 앞서 소개한 덴도 법사 전설을 요약한 내용이다.

흥미로운 것은 유래기에 이어서 '자서전(自敍傳)'을 함께 새겨 놓은 점이다. 자서전의 주인공은 '御嶽教對島神道會準正教山下雪'이라는 인물이다. 호기심이 들어서 읽어보니, 야마시타 유키(山下雪)는 이곳에 현창비를 세운 인물로, 현창비를 세우게 된 경위를 본인의 자서전 형식으로 적어 놓았다. '御嶽教'[일본어로는 '온다케쿄'라고 한다.]라는 말이 익숙하지 않아서 나중에 확인해보니, 이는

핫초카쿠 입구의 도리이와 유래기 비문

핫초카쿠 안쪽에 위치한 도리이와 사당

나라 현(奈良縣) 나라 시(奈良市)에 교단 본부를 둔 교파신도(敎派神道)로, 이른바 신도 13파에 들어가는 하나의 분파였다. 참고로 교파신도란 신도 계열에 속하는 일종의 신흥종교이다. 말하자면 이곳 현창비는 후대에 온다케쿄라는 신흥종교를 신봉하는 사람들이 자신들의 종교를 쓰시마 덴도 신앙과 연결시키고자 했던 흔적으로 해석할 수 있겠다. 산기슭에서 더욱 안쪽으로 깊숙이 들어가자 나무로 만든 도리이가 보이고 바로 그 뒤에 사당이 세워져 있다.

이번에는 방향을 바꾸어 이른바 우라핫초카쿠(裏八町角)에 속하는 지역을 답사하였다. 이곳에도 조그마한 사당이나 돌을 쌓은 곳이 있고, 그 정면 앞쪽에 신도의 상징물 도리이가 세워져 있

1 우라핫초카쿠의 도리이와 사당

2 우라핫초카쿠의 바위로 쌓은 단과 도리이

다. 마치 한국의 서낭당처럼 편편한 바위를 쌓아올린 곳도 역시 그 바로 앞쪽에 도리이가 세워져 있다. 핫초카쿠 여기저기 세워진 도리이를 보고 있으려니, 앞서 언급한 바와 같이 1868년 '신불분리령'이 시행된 이후에 신도가 마치 '국교(國敎)'에 버금가는 위상을 지니고 세력을 확장해갔다는 사실을 실감할 수 있다.

이 점은 오키나와의 경우도 사정이 마찬가지이다. 오키나와에는 전통적으로 '우타키(御嶽)'라고 통칭하는 민간신앙의 성지가 존재한다. 이 우타키는 오키나와 민간신앙의 핵심이라고 할 수 있다. 그런데 현재 우타키 앞에 도리이가 세워져 있는 모습을 자주 볼 수가 있다. 본래 우타키는 신도의 상징물 도리이와는 아무런 관련이 없었다.[오키나와의 우타키 신앙에 관해서는 이 책 제1장을 참조] 굳이 비유하자면 한국의 서낭당 앞에 교회 십자가나 절의 법륜이 새겨진 꼴이다. 쓰시마의 경우도 그렇고 오키나와의 경우도 그렇고, 신불분리령 이후에 일본 천황 및 천황가의 조상신을 정점으로 하는 신도가 어느 만큼 일본열도 구석구석까지 위세를 떨쳤는지 충분히 짐작이 된다.

일본인 최초의 춘향전 번역가 나카라이 도스이

2003년 12월 쓰시마를 방문하였다. 올해에만 세 번째 방문이다. 교육대학원에 다니는 대학원생들과 함께이다. 이들은 대부분 중고등학교의 현직 선생님들이라서 본격적인 민속조사보다는 쓰시마에 산재한 한국 관련 역사유적 탐방을 주된 목적으로 삼았다.

우리 일행은 12월 25일 크리스마스 오후에 광주를 출발하여 부산에서 1박을 하였다. 이튿날 일찍 부산에서 배를 타고 쓰시마의 히타카쓰(日田勝) 항구로 들어갔다. 부산에서 일찍 출발하였고 히타카쓰에서 봉고차를 빌린 덕분에 비교적 시간을 넉넉하게 보낼 수가 있었다. 먼저 숙소에서 가까운 이즈하라(嚴原)로 나갔다. 이곳에 있는 '나카라이 도스이관(半井桃水館)'을 방문하기 위해서이다. 이 기념관은 일본문학자이자 아사히신문 기자를 역임한 나카라이 도스이의 생가를 개축하여 세웠다.

나카라이 도스이는 일본에서 최초로 춘향전을 번역하여 소개한 인물이다. 〈오사카 아사히신문(大阪朝日新聞)〉 기자(부산주재 통신원) 시절에 도스이 야시(桃水野史)라는 필명으로 『계림정화 춘향전(鷄林情話春香傳)』이라고 제목을 붙인 춘향전을 번역하였다. 그의 번역물은 1882년(명치15) 6월 25일부터 7월 23일까지 모두 20회에 걸쳐 〈오사카 아사히신문〉에 연재되었다. 그가 춘향전을 번역하게 된 계기는 그가 쓰시마 출신이라는 점이 크게 작용하였다. 그는 1860년 쓰시마의 이즈하라에서 태어났다. 나카라이 도스이의 할아버지와 아버지가 부산의 왜관(倭館)에서 근무한 적이 있었으며, 이 때문에 나카라이 도스이는 12세에 부산으로 건너와서 생활하며 한국어를 배울 수가 있었다. 즉 어려서부터 쉽게 한국을 접할 수 있는 가정환경에서 성장하였던 것이다. 일본으로 돌아간 그는 1881년(명치14) 5월에 오사카 아사히 신문의 부산주재 통신원으로 파견되어 다시 한국에 오게 된다.

나카라이 도스이는 한국에서 거의 알려지지 않았으며, 일본문학사에서 비중 있게 다루는 문학자는 아니다. 그렇지만 그가 일

나카라이 도스이관 입구

본인 최초로 춘향전을 번역했다는 점을 평가할만하다. 그의 생애 및 문학 활동에 관해서는 문학연구자 가미가이토 겐이치(上垣外憲一) 교수가 평전 형식으로 정리하기도 하였다. 나도 이 책을 읽고서 그의 존재를 자세히 알 수 있었다.[上垣外憲一, 『ある明治人の朝鮮観-半井桃水と日朝関係』, 1996, 筑摩書房] 나는 동료 교수들과 나카라이 도스이의 춘향전 번역에 관한 논문을 쓴 적이 있어서 쓰시마에 가게 되면 꼭 그의 생가를 찾고는 한다. 논문에서는 그가 『계림정화』 번역 과정에서 사용한 춘향전 판본은 〈경판 30장본〉이라는 점, 그리고 그가 일본어로 번역을 하는 과정에서 〈경판 30장본〉과는 다르게 생략, 첨가, 개작 등을 하였다는 사실을 중점적으로 다루었다. [김신중·김용의·신해진, 「나카라이 도스이(半井桃水) 역 『鶏林情話 春香伝』 연구」, 2003, 한국일본어문학회]

2003년 당시 우리가 찾아갔을 때만 해도 그의 생가는 거의 폐가 수준으로 방치되어 있었다. 그 후 몇 년 후에 생가를 다시 방문하였을 때에는 사진에서 보는 바와 같이, '나카라이 도스이관'이라는 이름으로 일종의 기념관이 세워졌다. 기념관 내부에는 그와 함께 히구치 이치요(樋口一葉)라는 여성문학자의 사진이 나란히 걸려있다. 히구치 이치요는 일본의 오천엔권 지폐에 초상화가 실릴 정도로 널리 알려진 문학자이다. 나카라이 도스이 기념관에 사진이 나란히 실린 이유는 두 사람이 사제지간이자 연인 사이였기 때문이다. 히구치 이치요는 나카라이 도스이에게 소설 창작을 배운 적이 있으며, 그 과정에서 자연스럽게 연인관계로 발전하였다고 한다.

나카라이 도스이관에 걸린 그와 히구치 이치요의 사진

조선과 일본의 가교 역할을 한 아메노모리 호슈(雨森芳洲)

쓰시마 출신은 아니지만 역사적으로 한국과 관련하여 기억해야 할 또 한 명의 인물이 있다. 1990년 당시 노태우 대통령이 일본을 방문하였을 때에 언급했던 일본 유학자 아메노모리 호슈(雨森芳洲)이다. 노태우 대통령은 미래지향적인 한일 우호관계를 강조하면서, 아메노모리 호슈가 조선과 일본의 우호적인 관계를 위해서 애썼던 사실을 상기시켰다.

그는 현재의 시가 현(滋賀縣) 나가하마 시(長浜市) 다카쓰키 정(高月町)에서 의사의 아들로 태어났다. 어려서 일찍 에도(도쿄)로 나가서 유학자 기노시타 준안(木下順庵)의 문하에 들어가 유학을 공부하였다. 그는 이후에 스승 기노시타 준안의 추천으로 쓰시마번에서 일하게 되었다. 부산에 있던 왜관(倭館)에 근무하며 조선어를 배웠으며, 그 사이에 조선어입문서인 『교린수지(交隣須知)』를 쓰기도 하였다. 그는 생전에 조선에서 조선통신사를 파견하였을 때에는 조선통신사를 수행하는 임무를 맡았다.

조선통신사 일원으로 일본을 다녀온 신유한이 남긴 『해유록(海遊錄)』 곳곳에 그에 관해서 언급한 대목이 있다. 신유한이 조선통신사 임무를 마치고 귀국할 때에, 그가 작별 인사를 하며 눈물을 흘리는 광경을 보고 “내가 그 사람을 보건대 사람됨이 음험하고 사나워 원만하지 못하였고, 겉으로는 문인인 체하나 마음속에는 창과 칼을 품고 있었다. 만약 국가의 요직에 올라 권력을 잡았다면 반드시 우리나라에 해를 끼쳤을 인물이다.”[이효원 편역, 『해유록』, 2011, 돌베개]라고 내심 경계했던 것을 보면, 신유한과 아메노모리 호슈는 원만한 교류를 하지 못했던 것 같다.

아메노모리 호슈는 『교린제성(交隣提醒)』이라는 책을 저술하여 쓰시마 번주에게 올리기도 하였다. 이 책은 조선과 일본이 어떻게 교류할 것인지 그의 의견을 정리한 일종의 보고서이다. 책 내용 중에 '誠信'으로 교류할 것을 강조한 대목이 있는데, 노태우 대통령이 일본을 방문하였을 때에 이 대목을 언급하였다. 그는 노년에 은거하며 후학을 양성하는 데에 힘을 쓰다가 1755년 쓰시마의 히요시(日吉)에 있던 자택에서 삶을 마감하였다. 그의 무

1	2
3	4

1 조주인의 공동 묘지
2 아메노모리 호슈의 무덤
3 아메노모리 호슈 현창비
4 아메노모리 호슈 현창비 설명문

덤이 현재 히요시에 위치한 조주인(長壽院)이라는 사찰의 묘지에 남아있다. 우리 일행은 그의 무덤을 탐문하여 현장을 답사하였다. 한편 현재 가네이시조(金石城) 성터에는 그의 현창비가 세워져 있다. 무덤에서 돌아오는 길에 그곳에 들러서 견학하였다. 현창비에는 그가 조선과 일본의 교류에서 강조했던 '誠信'을 집어넣어 '성신지교린(誠信之交隣)'이라고 새겨놓았다.

나는 이후로도 여러 차례 쓰시마를 다녀왔다. 혼자서 현지조사를 가기도 하고 학부 학생들이나 박물관 회원들의 답사를 인솔하여 다녀오기도 하였다. 답사를 가게 되면 이 책에서 소개한 반쇼인, 천도신앙의 성지 핫초카쿠, 나카라이 도스이의 생가, 아메노모리 호슈의 무덤을 빠뜨리지 않고 찾아간다. 쓰시마 방문이 거듭되다 보니, 관련 자료 및 사진이 제법 많이 쌓여 있다. 언젠가 자료를 모두 모아서 책으로 엮었으면 싶었는데, 게으름을 피우다가 차일피일 미루고만 있다. 이 글을 쓰고 있으려니 다시 그 생각이 든다.

제3장

오카야마 현 우시마도의 가라코오도리

조선통신사의 발자취를 찾아서 우시마도를 가다

2005년 10월 교토에서 JR 전차를 타고 오쿠(邑久) 역에서 내려, 버스로 갈아타고 오카야마 현(岡山縣) 세토나이 시(瀨戶內市) 우시마도 정(牛窓町)을 갔다. 이곳 야쿠 신사(疫神社)에서 거행하는 가을 마쓰리(秋祭)를 견학하기 위해서이다. 정확히 말하면 가을 마쓰리에서 봉납하는 '가라코오도리(唐子踊り)'라는 무동의 춤을 보기 위해서였다. 현재 우시마도 정의 가라코오도리는 10월 네 번째 일요일에 거행한다. 가라코오도리는 무형문화재로서의 중요성을 인정받아 1960년에 오카야마 현의 중요무형민속문화재로 지정되었다.

일본어 '가라코(唐子)'의 '가라(唐)'는 얼핏 중국인을 가리키는 것 같지만, 중국인만이 아니라 외국인을 총칭해서 부를 때 쓰는 말이다. 가라코오도리 혹은 도진오도리(唐人踊り)로도 부르는 이 마쓰리의 봉납예능은 일본의 여러 지역에서 행하다가 많이 사

라지고, 현재는 미에 현(三重縣) 스즈카 시(鈴鹿市) 히가시다마가키 정(東玉垣町)의 도진오도리, 역시 미에 현의 쓰 시(津市)에서 하는 도진오도리 정도가 남아 있다. 우시마도 정의 가라코오도리에 관해서는 작고하신 임동권 선생의 『通信使와 文化傳播: 唐人(子)踊과 祭禮行列을 中心으로』(민속원, 2004)[참고로 이 책은 『朝鮮通信使と文化傳播』(第一書房, 2004)라는 제목으로 일본에서도 출판되었다.]를 읽은 이래 현지에서 내 눈으로 직접 보고 싶었는데, 다행히 이번에 기회가 되었다.

우시마도(牛窓)라는 지명은 우리들에게 다소 생소할 수 있는데, 일본에서는 '일본의 에게 해(Aegean Sea)'라고 해서 비교적 많이 알려진 고장이다. 가가와 현(香川縣)에 있는 쇼도지마(小豆島)와 함께 일본에서 이대 올리브 생산지이기도 하다. 고대부터 해상에서 바람이 잦아들기를 기다리는 항구로 알려졌으며, 조선시대에 일본에 파견하였던 외교사절단인 조선통신사 일행이 세토나이카이(瀨戶內海) 해역을 지나면서 머물렀던 기항지이기도 하다.

우시마도(牛窓)라는 지명이 특이한데, 이에 얽힌 전설을 알고 나면 거부감이 들 수도 있다. 우리에게도 익숙한 일본의 전설상의 인물 진구 황후(神功皇后)의 이른바 '삼한정벌(三韓征伐)' 전설과 관련이 있다. 진구 황후가 한반도(삼한)를 정벌하러 갈 때에 우시마도에 머물렀는데, 이곳에서 진린키(塵輪鬼)라고 일컫는 큰 소처럼 생긴 괴물에게 습격을 받자 활을 쏘아서 이를 퇴치하였다고 한다. 진구 황후가 한반도에서 돌아오는 길에 진린키가 우귀(牛鬼)가 되어 다시 습격하였다. 그러자 스미요시 묘진(住吉明神) 신

1 진구 황후(神功皇后) 전설과 관련이 있는 고시가케이시

2 진구 황후(神功皇后) 고시가케이시 기념비

이 우귀의 뿔을 붙잡아 내던졌다.[묘진(明神)이란 신사의 신을 가리키는 말이다.] 그 장소를 가리켜 '우시마로비(牛転, うしまろび)'라고 불렀는데, 이 말이 변해서 '우시마도(牛窓)'라는 지명으로 정착했다고 한다. 나중에 다시 언급하겠지만, 우시마도에는 진구 황후가 걸터앉아서 쉬었다는 바위가 남아 있다. 그 바위를 현지 사람들은 '고시가케이시(腰掛け石)'라고 부른다. 마을 사람들이 그 바위 주변에 신사의 상징물인 도리이(鳥居)를 세워 성소로 삼았다. 가을 마쓰리 기간에는 이곳에서도 가라코오도리를 봉납한다.

교토에서 조선통신사 공부

내가 이곳의 가라코오도리에 관심을 갖게 된 것은 조선통신사에 관한 공부에서 비롯되었다. 나는 2005년 8월부터 2006년 7월까지 일 년 동안 교토(京都)에 있는 국제일본문화연구센터라는 연구기관에서 모처럼의 연구년을 보내고 있었다. 이 기간 동안 혼자서 혹은 동료들과 쓰시마(對馬)에서 도쿄(東京)에 이르기까지, 조선통신사가 지나갔던 주요 행로를 골라서 집중적으로 답사를 다녔다. 때마침 일본에서 조선통신사 연구의 권위자 나카오 히로시(仲尾宏) 선생을 모시고 문헌자료를 강독하며 공부할 기회가 있었다. 울산대 노성환 교수, 리쓰메이칸(立命館) 대학 박사과정에서 조선통신사 접대를 위한 상차림을 연구하던 한국 대학원생, 한일근세사를 전공하는 연구원 등이 주요 멤버였다. 이 글을 쓰다 보니 새삼 그때 열심히 답사를 다니던 내 모습이 떠오른다. 언젠가 기회가 되면 답사 과정을 책으로 엮을 수 있었으면

좋겠다.

조선통신사는 임진왜란 후에 한일국교를 회복하는 과정에서 조선에서 일본으로 파견했던 사절단이다. 일본의 에도(江戸) 시대에 모두 12회에 걸쳐 파견하였는데, 그 발자취가 지금도 일본 곳곳에 남아 있다.[이 책의 제2장을 같이 참조] 조선통신사 연구의 선구자인 재일 사학자 신기수 선생은 학술적으로 조선통신사 연구에 불을 지피고 대중적으로도 크게 관심을 불러 모았다. 그의 저서 『조선통신사 왕래-260년의 평화와 우호(朝鮮通信使往來－二六〇年の平和と友好)』(1993, 勞働經濟社)는 지금도 독자들 사이에서 널리 읽히고 있다. 신기수 선생과 나카오 선생이 함께 엮은 『도설 조선통신사 여행(圖說朝鮮通信使の旅)』(明石書店, 2000)은 조선통신사 행로를 답사 다닐 때에 지니고 다니는 필독서이기도 하다.

조선통신사는 2000년대 들어서서 한일관계사의 '한일우호'를 상징하는 역사의 한 페이지로 조명을 받았다. 한국에서 전교조의 대구 지부 교사들과 일본에서 히로시마 현(廣島縣) 교직원 노조의 교사들이 함께 공동연구를 진행하여, 그 성과를 공통역사 교재로 동시에 출판하기도 하였다.[『조선통신사』(한길사, 2005), 『朝鮮通信使』(明石書店, 2005)] 또한 일본에서는 조선통신사 행렬이 통과했던 지역의 지방자치단체가 지원하여, 조선통신사를 전면에 내세운 각종 마쓰리나 이벤트를 기획하였다. 이 책의 제2장에서 다룬 쓰시마의 '아리랑 마쓰리'는 그 대표적인 경우이다. 뿐만 아니라 조선통신사와 인연이 있는 지역의 지방자치단체들이 모여서 연합체를 구성하기도 하였다. 이들은 '조선통신사 관련 지역 전국교류회(朝鮮通信使ゆかりのまち全國交流會)'라는 연합체를 구

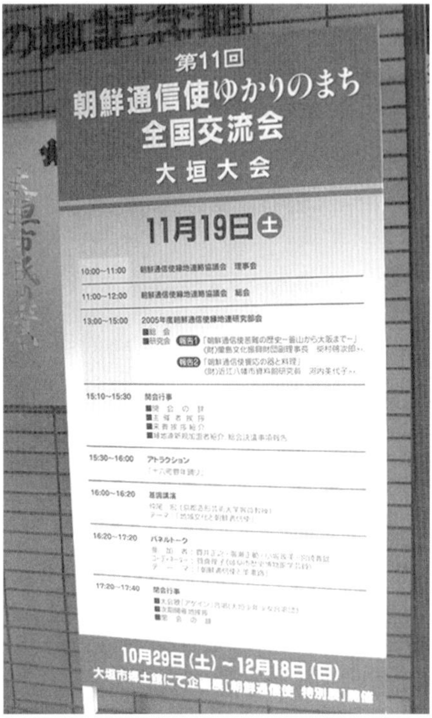

1 기후 현 오가키 시에서 개최한 제11회 전국교류회 안내판

2 기후 현 오가키 시에서 개최한 제11회 전국교류회의 무대행사

성하여 해마다 관련 지역을 돌며 학술행사 및 이벤트를 개최한다. 나도 2005년 11월 기후 현(岐阜縣) 오가키 시(大垣市)에서 개최한 제11회 전국교류회 대회에 전남대학교 학부 학생들을 인솔하여 참가한 적이 있다.

오가키 시(大垣市)에서 전국교류회가 개최된 것은 이 지역이 조선통신사 행로에 속하고 지금도 관련 유적이 여기저기 남아있기 때문이다. 그다지 많이 알려지지 않은 사례를 하나 들자면 이 지역 출신의 의사 기타오 슌포(北尾春圃)를 꼽을 수 있다. 그는 진맥을 잘했던 명의로 소문이 자자했는데, 1711년에 조선통신사가 도일하여 이곳에 머물렀을 때에 조선통신사를 수행하던 의관 기두문(奇斗文)과 젠쇼지(全昌寺)라는 절에서 문답을 나누었다. 기타오 슌포는 기두문과 나누었던 문답을 글로 정리하여 1913년에

젠쇼지(全昌寺)의 기타오 슌포(北尾春圃) 묘지

기두문과 기타오 슌포의 면담에 관한 안내문

『상한의담(桑韓醫談)』이라는 의서를 간행하였다. 책 제목에서 '桑'은 일본을 가리킨다. 일찍이 일본을 '부상(扶桑)'이라고도 칭했던 데서 유래한다. 오가키에 있는 젠쇼지에 가면 그의 무덤이 있으며, 무덤 옆 안내판에 이 같은 사실이 설명되어 있다.

조선통신사의 기나긴 행로

조선통신사 일행은 부산에서 에도(도쿄)에 이르는 긴 행로를 여행하였다. 경우에 따라서는 도쿄 위쪽에 위치한 닛코(日光)까지 가기도 하였다. 닛코에는 도쿠가와 쇼군 집안을 일으킨 도쿠가와 이에야스(德川家康)를 제사 지내는 도쇼구(東照宮)라는 사당이 있기 때문이다. 부산에서 배를 타면 교토의 요도(淀)까지는 배로 이동하였다. 먼저 쓰시마(對馬)에서 일본 본토로 들어갈 본격적인 채비를 차린 후에 이키(壹岐)를 거쳐 시모노세키(下關)에 도착한다. 여기서부터는 이른바 세토나이카이(瀨戶內海)라고 부르는 내해를 지나친다. 오사카까지 가는 도중에 바다의 조류나 기후 등을 고려하여 세토나이카이에 연한 여러 곳에 기항하였다. 주된 기항지는 도모노우라(鞆の浦), 우시마도(牛窓), 효고(兵庫) 등이다.

현재 야쿠 신사에서 가라코오도리를 봉납하는 우시마도는 조선통신사가 기항하는 중요한 항구 중의 하나였다. 당시 조선통신사 일원으로 일본을 다녀온 사신들은 이른바 사행(使行) 기록을 '일본견문기' 형식으로 남겼는데, 이들의 견문기 대부분은 '해행총재(海行摠載)'에 집대성되어 있다. 그 중에서 제술관으로 동행하여 『해유록(海遊錄)』을 집필한 신유한이 그의 견문기에서 우시마도에 관해서 언급한 대목을 확인하기로 한다.[이효원 편역, 『해유록』, 2011, 돌베개] 이 『해유록』은 견문기 중에서도 가장 뛰어나다는 평가를 받는다. 신유한이 언급한 혼렌지(本蓮寺)는 법화종(法華宗) 계열의 사찰로 경내에 삼층탑이 지금도 남아있다.

> 해가 서쪽으로 기울 무렵 우시마도(牛窓)에 도착했다. 먼 산이 항만을 둘러 있었고 주변 경치가 시원스러웠다. 대나무를 꽂아 물고기 잡는 통발을 만들어 놓았으며 그물질하는 배와 낚싯배들이 멀리 또 가까이 오고갔다. 해안의 인가(人家)는 수천 가구였다. 숙소 시설은 도모노우라에서와 같이 성대했다. 숙소 옆에는 탑이 하나 있었는데, 꼭대기의 우뚝한 구리 기둥이 하늘 높이 솟아 있었다. 절 이름은 혼렌지(本連寺)였다.

1 신유한이 언급한
혼렌지(本連寺) 절 입구
2 혼렌지(本連寺)의 삼층탑

오사카에서 교토의 요도에 도착하여 여기서부터는 육로를 이용하여 에도를 향했다. 에도까지의 주된 통행지는 오미하치만(近江八幡), 히코네(彦根), 나고야(名古屋), 가케가와(掛川), 하코네(箱根), 오다와라(小田原), 시나가와(品川) 등이다. 조선통신사 행로에 관해서는 일본의 사진가 니이 다카오(仁位孝雄)씨가 직접 현장을 답사하여 촬영한 사진에 해설을 곁들인 사진집이 있다.[仁位孝雄, 『朝鮮通信使の道』, 2002, 杉屋書店] 나는 이 분을 2003년 쓰시마 답사 때에 우연히 처음 만났다. 그 덕분에 본인의 사인이 들어간 사진집을 구입할 수 있었다.

특히 오미하치만 부근에는 이른바 '조선인가도(朝鮮人街道)'가 있다. 당시의 최고 권력자 쇼군(將軍)의 '전용 도로'를 특별히 조선통신사가 통행하도록 허용했다고 해서 붙여진 이름이다. 나는 2005년 1년 동안 교토에 머무르는 동안에 한국에서 손님이 찾아오면 조선인가도로 모시고 가는 일이 많았다. 교토역에서 빠른 전차를 타면 1시간이면 충분히 도착할 수 있다. 이곳 역사민속자료관에 가면 조선통신사 관련 자료가 제법 잘 갖추어져 있다. 지나치듯 가벼운 마음으로 전시 자료를 들여다보아도 적잖은 공부가 된다. 자료관에 전시된 조선통신사 도자기 인형이 무척 앙증맞고 귀엽다.

1 오미하치만(近江八幡)의 조선인가도 비석

2 역사민속자료관의 조선통신사 행렬 인형

마쓰리의 가라코오도리 봉납

내가 야쿠 신사(疫神社)에 도착했을 때에는 이미 가라코오도리를 봉납할 준비가 끝나있었다. 야쿠 신사는 '야쿠(疫)'라는 이름에서 짐작할 수 있듯이, 유행병을 퇴치하는 신을 제사지낸다. 제신 이름은 스사노오노미코토(素盞嗚命)이다. 이 신은 일본신화에 등장하는 천황가의 조상신 아마테라스오미카미(天照大神)와 쌍벽을 이루는 중요한 신으로, 신사의 정식 이름은 이 신의 이름을 따서 '스사노오 신사(素盞嗚神社)'이다. 하지만 현지에서는 통칭 야쿠 신사로 부른다. 신사는 도로 바로 옆에 위치해 있다. 도로 옆 경사가 급한 계단을 올라가면 그다지 크지 않은 본전이 바로 나온다. 규모가 작은 신사라서 그런지 사무소(社務所)가 따로 없고, 당연히 상근하는 사람도 없는 듯하다.

야쿠 신사(疫神社) 본전 정면

야쿠(疫) 신사 본전의 현판

내가 도착하고 30여분 후에 가라코오도리가 시작되었다. 경내에 깔아놓은 돗자리에 예쁘게 분장을 한 두 소년이 입장하여 피리를 위주로 하는 반주 음악에 맞추어 춤을 춘다. 두 명이 같은 동작으로 동서남북 방향을 향해 20여분 동안 춤을 추었다. 두 소년 춤꾼은 머리에 한국 무동의 패랭이와 비슷한 모자를 쓰고 원색 계열의 화려한 복장을 하였다. 얼굴은 짙게 화장을 하였으며 특히 이마에 새긴 십자가 비슷한 문양이 눈길을 끌었다. 전체적인 차림새가 '여장(女裝)'을 하였다고 보아도 무방할 것 같다.

경내에서 춤 봉납이 끝나자, 어른들이 두 소년을 무동 태워서 다음 봉납 장소로 이동한다. 말하자면 최대한 소년들이 땅을 밟지 않도록 신경을 쓴다. 땅을 밟지 않도록 무동을 태우는 이유는 분명하다. 마쓰리 기간에 가라코오도리 춤을 봉납하는 두 소년은 이미 인간이 아니라, 신격이 부여된 신으로 간주하기 때문이다. 두 소년은 신격을 지닌 신동(神童)이다. 신이 제 발로 땅을 밟으며 걸어서 이동할 수는 없는 노릇이다.

이들이 이동하는 동안에는 주위에 몰려있던 사람들이 가까이 다가와 악수를 청하거나 무언가 마실 것을 건네기도 한다. 특히 나이가 들어 보이는 여성들은 일부러 소년의 몸을 만지기

1	2
3	4

1 야쿠 신사 경내에서 가라코오도리를 봉납하는 무동
2 야쿠 신사 경내의 가라코오도리 봉납
3 무동을 태우고 다음 장소로 이동
4 이동하는 무동에게 마실 것을 건네는 마을 사람

1 시오가마 신사의 도리이와 고시가케이시

2 시오가마 신사의 도리이 뒤의 사당

3	4
5	6

1 진구 황후 전설이 남은 고시가케이시 앞의 가라코오도리 봉납
2 고시가케이시 앞의 가라코오도리 봉납
3 무동의 춤을 지켜보는 관객들
4 곤노우라 지역의 장식수레를 타고 다음 장소로 이동

도 한다. 이는 소년(신동)의 신체를 만짐으로써 건강을 기원하거나 좋은 일이 생기기를 바라는 마음에서이다. 이 점은 몸이 아픈 사람들이 일본 사찰에 흔히 놓여 있는 빈두로(賓頭盧) 신상을 문지르며 자신의 아픈 곳이 낫기를 기원하는 것과 유사한 민속적 혹은 주술적 원리가 작용한 때문일 것이다.

춤을 봉납하는 다음 장소는 앞서 언급한 고시가케이시이다. 이곳은 진구 황후가 한반도(삼한)를 정벌하러 가다가 잠시 걸터앉아서 쉬었다는 전설이 전하는 장소이다. 이곳에 신사의 상징물 도리이를 세우고 '시오가마 신사(塩釜神社)'라는 작은 현판을 걸어두었다. 도리이 바로 뒤에는 작은 사당이 세워져 있으며, 마쓰리 기간이라서 그런지 술통이 하나 놓여 있다. 그 옆에 고시가케이시 바위가 있으며 가라코오도리 장소임을 알리는 안내문이 새겨져 있다. 두 소년은 여기서도 야쿠 신사 경내에서와 마찬가지로 같은 동작을 반복하며 춤을 봉납한다. 이때 가까운 곳에 우시마도 정의 곤노우라(紺浦) 지구에서 제작한 장식수레 다시(山車)가 대기하고 있다가, 소년들의 춤이 끝나면 이들을 태우고 다른 곳으로 이동한다.

가라코오도리의 기원과 조선통신사의 무동

우시마도의 가라코오도리는 매우 이색적이다. 어떤 연유에서 야쿠 신사의 가을 마쓰리에 무동의 춤을 봉납하는지, 춤을 추는 무동은 어떤 존재인지, 여러 가지 점들이 분명하게 알려지지 않았다. 무엇보다도 가라코오도리는 언제부터 왜 시작하였는지도 불분명하다. 다시 말하자면 그 역사적인 기원이 분명하지 않다. 기원이 분명하지 않은 만큼 관련 분야의 연구자들 사이에서 견해가 분분하다. 임동권 선생의 연구를 비롯한 여러 견해를 종합하면 대체로 다음과 같다.[임동권, 『通信使와 文化傳播: 唐人(子)踊과 祭禮行列을 中心으로』, 2004, 민속원]

1. 진구 황후 관련 기원설이다. 진구 황후가 삼한을 정벌하고 돌아올 때에 시작되었다는 설이다. 이 견해는 앞서 언급한 우시마도의 지명 기원과도 연관이 있다.

2. 임진왜란 기원설이다. 임진왜란 및 정유재란 시에 끌려간 조선인 포로들이 전했을 것이라는 설이다.
3. 조선통신사 기원설이다. 조선통신사가 도일할 때에 일본에 전해졌다는 설이다.
4. 중국기원설이다. 이는 주로 가라코오도리에서 부르는 노래 가사를 중국어로 해석하는 것이 가능하다는 데서 비롯되었다.
5. 지역 창작설이다. 현지 주민들이 다른 마쓰리의 춤을 보고 모방하여 창작하였을 것이라는 설이다.

앞의 여러 학설 중에서 비교적 문헌상의 경로가 분명하고 가장 유력한 것은 조선통신사 기원설이다. 나도 이 기원설을 따르는 쪽이다. 조선통신사 사절단은 초기에 한일(조선과 도쿠가와 막부) 간의 국교를 정상화하고 포로로 끌려간 조선인을 쇄환할 목적으로 파견하였다. 이 목적이 어느 정도 이루어지자 점차 당시의 실질적 지배자였던 쇼군(將軍) 도쿠가와(德川) 집안에서 후사를 이을 후계자가 태어나거나 쇼군 직책을 세습하게 되면 축하하는 의미로 파견하기에 이른다. 말하자면 매우 우호적인 의미가 담겨있는 셈이다. 지금의 한일외교도 그렇지만, 당시 조선과 도쿠가와 정권에서는 조선통신사를 최대한 국내 정치에 이용하였다. 특히 일본의 경우에는 도쿠가와 정권의 위상을 높이기 위해서, 조선통신사 일행을 조선에서 쇼군에게 조공을 바치러오는 사절단으로 선전하기에 이르렀다. 어느 경우이건 간에, 앞서 소개한 신기수 선생의 책 제목처럼 조선통신사를 파견했던 260년 동안은 한일관계사에서 가장 평화롭고 우호적이었던 것만큼은 분명해 보인다. 문득 도쿠가와 가문의 후손으로 일본에서 사회언어학(방언) 연구의 권위자로 유명한 도쿠가와 무네마사(徳川宗賢) 교수가 언젠가 나에게 "일본과 한국은 도쿠가와 정권 때가 가장 평화로웠다."고 했던 말이 생각난다.

조선통신사 사절단은 대규모로 꾸려졌다. 정사, 부사, 종사관(서장관)이라는 삼사(三使)를 비롯하여 통역관, 의관, 군관 악대 등이 수행하였다. 그 인원이 많을 경우에는 500명을 훌쩍 넘어섰다. 그중에는 반드시 무동(舞童)을 데리고 갔는데, 이는 일본 현지에서 사람들에게 여흥을 제공할 때에 필요했기 때문이다.

한국 예능의 무동과 일본 예능의 지고마이(稚子舞)

내가 조사한 바에 의하면, 한국의 무동에는 두 가지 계통이 있는 것 같다. 먼저 한국어의 '무동을 태우다'라는 표현에서 알 수 있듯이, 무동이 성인 남자의 어깨 위에 올라서서 춤을 추는 민속예능으로서의 무동이다. 이는 남사당의 풍물놀이에 등장하는 무동이 대표적인 경우이다. 예를 들면 일제강점기 조선총독부 촉탁 신분으로 한국에서 민속조사를 벌였던 무라야마 지준(村山智順)의 자료에도 남사당의 무동을 찍은 사진이 남아있다.[무라야마 지준에 관해서는 이 책 6장을 함께 참조] 무라야마는 한국에 머무는 동안에 많은 민속사진을 찍었는데, 이 사진들은 게이오 대학의 노무라 신이치(野村伸一) 교수가 보관하다가 「무라야마 지

남사당의 무동(무라야마 지준 촬영, 노무라 신이치 교수 소장)

준이 본 조선민속(村山智順見た朝鮮民俗)」이라는 제목을 달아서 정식으로 출판하였다.[野村伸一, 『自然と文化』 66, 2001, 日本ナショナルトラスト] 한국에서도 이를 고운기 교수가 번역하여 소개하였다.[고운기, 『한국, 1930년대의 눈동자』, 2003, 이회문화사]

무동은 일제강점기를 전후하여 한국의 풍속을 연구했던 일본 연구자들이 관심을 가졌던 예능 종목이기도 하다. 예를 들면 나카무라 긴조(中村金城)의 『조선풍속화보(朝鮮風俗畵譜)』(1910)에 무동을 그린 풍속화가 들어있다. 나카무라 긴조의 이력에 대해서는 그다지 자세히 알려지지 않았다. 대한제국 궁내부의 고문을 지낸 가토 마스오(加藤増雄)가 쓴 『조선풍속화보』의 서(序)에 따르면, 그는 가나자와(金沢) 출신으로 가토 마스오가 1902년에 궁내부 고문으로 경성에 머무를 때 처음 알게 되었다고 한다. 나카무라는 1905년에 가토 마스오의 집에 반 년 정도 머무른 적이 있었으며, 그해 12월에 청국으로 떠나 1년 동안 천진, 북경에 머물렀다. 그 후에 불치의 병에 걸려 죽은 것으로 알려졌다.[김용의, 「나카무라 긴조(中村金城)의 『조선풍속화보』 성립과정 및 변형기법」『일어일문학연구』 제77집, 한국일어일문학회] 참고로 그의 『조선풍속화보』를 번역하여 소개한 권혁희 교수의 연구에 의하면 『조선풍속화보』에 실린 그림들은 풍속화가 김준근의 조선풍속도를 모본으로 하여 성립하였다.[권혁희 역, 『조선풍속화보』, 2008, 민속원]

한국의 무동 그림은 나카무라 뿐만이 아니라 다른 풍속자료에도 등장한다. 우스다 잔운(薄田斬雲)이 글을 쓰고 도리고에 시즈에(鳥越靜岐)가 그림을 그린 『조선만화(朝鮮漫畫)』에 무동 그림이 들어있다. 이 책은 내가 번역하여 소개한 적이 있다.[김용의, 『조선만화』, 2012, 전남대학교출판부]

한국 무동의 또 하나의 계통은 조선시대에 궁중정재(宮中呈才)의 한 종목으로 각종 제례와 연회 및 외국의 사신 앞에서 춤을 추었던 무동이다. 이 계통의 무동에 관해서는 조선왕조실록에서 관련 기록을 확인할 수 있다. 이 무동이 추는 무악을 가리켜 특별히 '남악(男樂)'이라고 부르기도 했다. '남악'이란 사내아이가 여자아이로 분장을 하고 춤을 추는 것을 가리킨다. 단정할 수는 없지만 이 두 계통의 무동 사이에는 분명 어떤 형태로든 영향관계가 있었을 것으로 보인다.

일본에도 '무동'의 전통예능이 전해진다. 이를 가리켜 전문용어로는 '지고마이(稚子舞)'라고 한다. 우리말로는 '무동(舞童)'으로 번역하면 적당할 것 같다. 일본의 마쓰리 특히 북쪽의 호쿠리

1 『朝鮮風俗畵譜』에 등장하는 무동 그림
2 『조선만화』에 등장하는 무동 그림

쿠(北陸) 지방의 마쓰리에는 이들 무동이 자주 등장한다. 예를 들면 도야마 현(富山縣) 시모니이카와 군(下新川郡)의 호후쿠지(法福寺) 관음제례(觀音祭禮)에 봉납하는 지고마이, 역시 도야마 현의 이미즈 시(射水市) 가모 신사(加茂神社)의 가을 마쓰리(秋祭り)에 등장하는 지고마이, 니가타 현(新瀉縣) 니시쿠비키 군(西頸城郡) 노우 정(能生町)의 시라야마 신사(白山神社)의 마쓰리에 봉납하는 지고마이 등이 비교적 널리 알려져 있다.

내가 현장에서 직접 보면서 조사한 지고마이 중에서 인상 깊었던 것은 아이치 현(愛知縣) 기타시타라 군(北設樂郡) 도에이 정(東

1	2
3	

1 하나마쓰리(花祭) 지고마이의 무동
2 하나마쓰리(花祭) 지고마이 무동의 입장
3 하나마쓰리(花祭) 지고마이 무동의 춤

榮町) 하나마쓰리(花祭) 때에 공연하는 지고마이이다. 일본어로 '하나마쓰리'라고 하면 두 가지 사전적 의미가 있다. 첫째 석가 탄신일에 절에서 거행되는 관불(灌佛)의식을 가리킨다. 둘째 아이치 현 기타시타라 군의 도에이 정이나 도요네 촌을 중심으로 행해지는 민속예능을 의미한다. 여기서 말하는 하나마쓰리는 후자를 가리킨다.

이 하나마쓰리에 등장하는 아이들은 춤을 추러 공연장에 들어설 때에 발로 지면을 밟지 않는다. 어른들이 한쪽 어깨에 앉히고서 등장하도록 한다. 말하자면 일종의 '무동'을 태우고 등장한다. 이 경우에도 무동을 태우는 이유는 분명하다. 마쓰리에서 춤을 추는 아이는 인간이 아니라 신격이 부여된 신으로 간주하기 때문이다. 신이 제 발로 걸어서 강림할 수는 없는 노릇이다. 일본 속담에 '일곱 살까지는 신의 아이(七つまでは神のうち)'라는 말이 있는데, 이는 아이가 태어나서 7살을 지나기 전까지는 태어나기 이전의 세계 즉 신들의 영역에 속한다는 의미이다. 가라코오도리나 하나마쓰리에 등장하는 아이야말로 신의 아이이다.[김용의, 「아이치 현 도에이(東榮)의 하나마쓰리」『일본 민속문화의 전통과 현장』, 2021, 전남대학교출판문화원]

마쓰리의 단지리와 미코시

일본의 마쓰리에는 미코시(御輿)라고 부르는 신이 타는 가마와 흔히 다시(山車)라고 부르는 장식수레가 등장한다. 우시마도에서는 그 다시(山車)를 가리켜 '단지리(だんじり)'라고 부른다. 우시마

도 가을 마쓰리에서는 우지코(氏子)라고 부르는 지역 토박이들이 징과 북, 그리고 피리 연주에 맞추어 단지리를 끌고 마을을 돌아다닌다. 우시마도에는 모두 8개의 단지리가 전한다. 8개의 단지리는 모두 오카야마 현 중요유형민속문화재로 지정되어 있다. 에도(江戶) 시대 후기부터 메이지(明治) 시대 사이에 만들었다고 하며, 모두 배 모양을 하고 있다. 이는 우시마도가 바다를 끼고 있는 해안지역이기 때문이다. 단지리 앞부분에는 용, 사자, 기린 등의 머리를 새겨서 장식하였다.

미코시는 마쓰리에서 어깨에 메고 다니는 가마이다. 한자로는 보통 '神輿' 또는 '御輿'로 표기한다. 평소에 신사 안의 본전에 좌정하고 있던 신이 마쓰리 기간에 이 가마를 타고 돌아다닌다. 따

배 모양으로 만든 우시마도의 장식수레 단지리

배 모양 장식수레를 끌고 마을을 행진

라서 그 형태도 신사의 신전을 본 따서 만든 것이 대부분이다. 미코시가 단숨에 마을 전체를 다 돌 수는 없으므로 대개 경우에 중간에 신이 쉴 곳을 마련한다. 경우에 따라서는 숙박을 하기도 한다.[이곳을 가리켜 오다비쇼(御旅所)라고 한다.] 말하자면 미코시 행차는 일시적인 '신의 여행' 혹은 '신의 외출'인 셈이다.

미코시를 분류하는 방법도 다양한데, 형태에 따라서 분류하기도 하고, 이 미코시를 누가 메는가에 따라서 어른 미코시(大人御輿), 여자 미코시(女御輿), 어린이 미코시(子供御輿) 등으로 나누기도 한다. 최근에는 어린이들의 마쓰리 참여를 유도하기 위해서 대부분의 지역에서 어른 미코시와는 별도로 어린이 미코시를 만들어 어린이들이 이를 메고 행진하도록 배려한다. 우시마도 마쓰리에도 어린이 미코시가 등장한다. 말하자면 어린이를 포함하여 남녀노소가 어떤 형태로든 지역 마쓰리에 참여할 수 있도록 한다. 이 점이야말로 일본의 마쓰리가 쉽게 단절되지 않고 지속될 수 있는 가장 중요한 동력일 것이다.

단지리도 최대한 호화롭게 장식하지만, 미코시는 신이 타는 가마인 만큼 최대한 호화롭게 장식한다. 우시마도의 미코시도 전체를 금빛으로 치장하였으며 지붕 위에는 금색 봉황을 올려놓았다. 정면에는 신사에서 신체(神體)로 간주하는 둥근 거울을 부착한다. 미코시는 위아래로 홍백(紅白) 두 색으로 꼬아서 만든 밧줄을 걸어서 좌대에 고정한다.

우시마도의 마쓰리 기간 중에 신이 타는 미코시. 정면에 보이는 둥근 거울은 신체이다.

1 미코시 위의 봉황 장식
2 아이들이 메고 다니는 '어린이 미코시'
3 '어린이 미코시'를 어깨에 메고 행진하는 우시마도의 아이들

일본의 마쓰리에는 홍백 두 색을 즐겨 사용한다. 미코시를 고정하는 밧줄의 색깔뿐만이 아니라 장식수레인 다시에 두르는 휘장도 홍백으로 되어 있다. 그리고 공연장이나 가설무대에 두르는 천막도 홍백으로 정해져 있다. 이는 일본의 민간에서 전통적으로 홍백을 경사스러운 색깔로 여기기 때문이다. 전통적으로 여자아이가 초경을 하게 되면 찰밥을 지어서 먹였다. 이제 출산이 가능한 어른이 되었으므로 이를 축하하기 위해서 붉은 팥과 흰 찹쌀이라는 홍백의 찰밥을 지어서 먹였던 것이다. 일본의 결혼식에 홍백으로 색깔을 맞춘 떡이 나오는 것도 흔히 볼 수 있다.

그 영향인지, 한국 운동회에서 청팀과 백팀으로 나누는 청백전은 일본에서 홍팀과 백팀으로 나누는 홍백전이 된다. 해마다 12월 31일 세밑에 열리는 NHK 방송 주관의 가요대항전의 이름도 다름 아닌 '홍백노래대항전(紅白歌合戰)'이다. 노벨문학상을 수상한 가와바타 야스나리(川端康成)의 『설국(雪國)』을 읽어보면 홍백이 일본의 전통색이라는 점을 수긍할 수 있을 것이다. 이 소설에서 눈으로 덮인 벌판에서 집이 불타는 장면이 있는데, 이는 가와바타 야스나리가 일본의 전통색인 홍백을 의식하고 설정한 장면으로 볼 수 있다. 다시 말하자면 홍백의 대비를 통해서 일본의 전통미를 추구했다는 해석이 가능하다. 그러고 보니 일본의 국기 일장기(日章旗)도 흰 바탕에 붉은 태양이다. 사례를 찾아보면 끝이 없을 것 같다.

우시마도의 해유문화관

나는 곤노우라 지역의 장식수레를 따라서 마을을 같이 돈 후에 근처의 해유문화관(海遊文化館)을 찾았다. 해유문화관은 서양식 분위기의 단아한 건물인데, 정면에서 바라보니 건물 위로 신유한이 『해유록』에서 언급한 혼렌지(本蓮寺) 지붕이 시야에 들어온다. 입구 안내판에 '해유문화관'이라고 쓰고 그 밑에 단지리 전시실, 조선통신사 자료실이라고 함께 적었지만, 주로 조선통신사 관련 자료를 전시하였다. 자료도 그다지 많아보이지는 않고, 본격적인 자료실이라고 하기 보다는 관광객 유치를 목적으로 하는 소박한 자료실이다.

해유문화관 건물 입구 뒤로 혼렌지(本蓮寺) 지붕이 보인다.

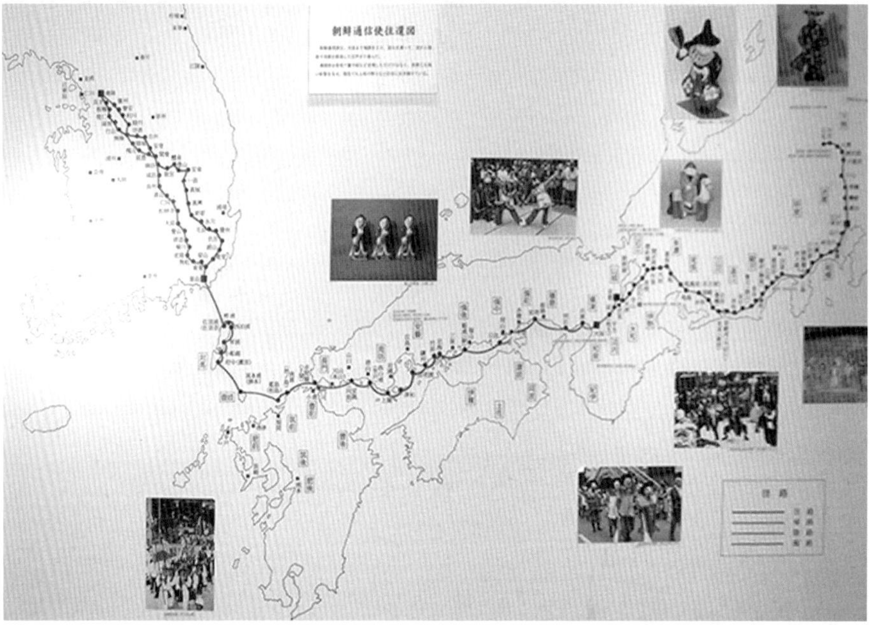

해유문화관에 전시된 조선통신사 행로 지도

전시실 실내에 한국의 서울에서 일본의 도쿄에 이르기까지의 조선통신사 행로를 지도로 표시한 그림판, 일본 국내의 유사한 가라코오도리 인형, 우시마도에서 주최하여 재현한 조선통신사 행렬 사진 등을 전시해 놓았다. 해유문화관을 서둘러 둘러보고 나오다 보니, 바로 부근에 가라코오도리 만주(唐子踊まんじゅう)라는 이름을 붙인 과자를 파는 가게가 눈에 들어온다. 가라코오도리를 관광자원으로 활용한 지역특산품이다. 들어가서 사먹어 보니 과자 안에 든 팥소가 적당히 달고 제법 맛이 좋다. 하루 동안의 피로가 모두 풀리는 느낌이다.

1 해유문화관 전시실의 조선통신사 행렬 재현 사진

2 가라코오도리 만주(양과자)를 파는 가게

제4장

돗토리 현 사카이미나토 시 다케노우치 정의 돈도야키

일본의 달집태우기, 돈도야키

2021년 새해에 평소 가깝게 지내던 일본의 야마모토 미치에(山本みちえ) 선생님에게서 새해 인사를 겸한 반가운 메일을 받았다. 그는 아시아설화학회의 일본지부 회원으로 한국문화에 관심이 많은 지한파이다. 특히 한국의 호랑이 그림을 좋아하여 관련 동화책이나 민화를 수집하여 소장하고 있기도 하다. 한국에 친구들도 많아서 해마다 정해 놓고 한국을 방문하곤 한다.

아시아설화학회는 1994년에 창립하였다. 초창기 한국에서 최인학 선생, 중국의 리우 콰이리(劉魁立) 선생, 일본의 이나다 고지(稲田浩二) 선생이 중심이 되어 결성한 한중일 설화연구자들의 전문 연구회이다. 이분들은 모두 설화연구를 비롯한 민속학 분야의 원로 연구자들이다. 2008년에 이나다 고지 선생께서 작고하셨지만, 두 분은 여전히 왕성한 연구 활동을 이어가고 있다. 학회는 특정한 주제를 정하여 매년 한 번씩 돌아가며 한국, 중국, 일본에서 연구회를 개최한다. 어쩌다보니 10년 전부터 내가 한국 대표를 맡고 있다.

야마모토 선생님의 메일 내용은 민속행사 '돈도야키(トンド焼き)' 및 '오코나이(御講內)'에 관한 것이었다. 지속되는 코로나19의 영향으로, 올해는 자기 고장에서 해마다 하는 돈도야키와 오코나이의 규모를 크게 줄여서 하게 되었다고 한다. 나는 2015년에 그의 안내로 현지에서 돈도야키를 견학한 적이 있다. 본격적인 현지조사의 필요성을 느꼈지만 계속 미루고 있다가, 2021년 새해에 본격적인 조사를 할 요량으로 구체적인 계획을 세웠다. 마침 2021년은 야마모토 선생님 집에서 마쓰리를 진행하는 책임을 맡게 되었다고 들었기 때문에 기대가 컸다. 미리 야마모토 선생님에게 일정 등을 문의하였는데, 내 문의에 대한 답신을 보내온 것이다.

돈도야키는 한국의 달집태우기와 매우 흡사한 민속행사이다. 돈도야키는 학술적으로 흔히 '사기초(左義長)'라는 이름으로 널리 알려졌다. 일본에서 전국적으로 분포한 민속행사로 지역에 따라서는 '돈도야키(とんどやき)'나 '돈도산(とんどさん)' 혹은 그냥 간단하게 '돈도(とんど)'라고 부르기도 한다. 특히 야마모토 선생님의 집이 있는 사카이미나토 시(境港市)를 포함한 유미하마 반도(弓浜半島) 일대는 지금도 여전히 돈도야키가 성행하는 지역이다. 2012년에는 돗토리 현(鳥取縣) 교육위원회에서 이 지역 돈도야키의 실태를 조사한 관련 보고서를 작성하기도 하였다.[鳥取縣教育委員會, 『弓浜半島のとんど』, 2012, 鳥取縣教育委員會]

1	1 다케노우치 가정집 현관 입구에 장식한 가도마쓰
2	2 불에 태우기 위해서 들고 나온 시메카자리

돈도야키는 정월 대보름을 전후하여 행한다. 마을에서 정한 넓은 공간에 기다란 대나무를 서너 개 세워놓고, 사람들이 그곳으로 그 해 정월에 장식했던 가도마쓰(門松)나 시메나와카자리(注連縄飾り) 등을 가지고 오면 모아서 함께 태운다. 가도마쓰는 새해를 맞이하여 연말연시에 가정집 현관이나 가게 입구에 꾸미는 장식물이다. 흔히 새해에 복덕을 내려주기 위해서 현세를 방문하는 신을 맞이하기 위한 표시물로 알려졌다. 그 신을 가리켜 세덕신(歳徳神)이라고 부른다.[일본어로는 '도시도쿠진'이라고 한다.] 그리고 시메나와카자리는 일본의 신사나 사당에서 흔히 볼 수 있는 금줄 장식이다. 시메나와(注連縄)는 금줄이라는 의미이다. 시메나와카자리는 새끼줄에 흰 종이를 오려서 귤과 나뭇가지와 같이 끼워서 만든 새해의 장식물이다. 새해에 바깥에서 사악한 기운이 집안으로 들어오는 것을 물리친다는 일종의 부적과 같은 기능을 한다.

오코나이는 한자로 '御講內'로도 표기하지만 지역에 따라서 조금씩 명칭이 다르다. 야마모토 미치에 선생님이 사는 사카이미나토 시의 다케노우치 정(竹內町)에서는 '오코냐(オコニャ)'라고 부른다. 이는 마을에서 풍작, 풍어, 안전을 기원하는 마쓰리이다. 이에 관해서는 뒤에서 자세하게 언급하기로 한다.

일본의 산인(山陰) 지방과 산요(山陽) 지방

2015년 1월 중순에 겨울방학을 이용하여 혼자서 일주일 정도 일본의 산인(山陰) 지방을 여행하였다. 여기서 '山陰'은 지역을 가리키는 이름이다. 한국의 동해(일본해)를 향한, 일본에서 보자면 서쪽에 면해 있는 지역을 가리킨다. 현재의 현으로 하자면 주로 시마네 현(島根縣), 돗토리 현(鳥取縣) 등이 이에 해당한다. '山陰'이라는 지명은 고대 일본에서 율령제(律令制)를 실시하면서 광역의 지방행정구역을 크게 오기칠도(五畿七道)로 나누었는데, 그 중의 하나인 '산인도(山陰道)'에서 유래한다. '山陰'의 '陰'은 원래 중국어로 '산의 북측'을 의미하는 한자라고 한다. 역사적으로 '山陰'이라고 하면 어쩐지 어두운 이미지가 강해서 다른 이름으로 바꾸고자 하는 움직임도 있었으나 실현되지 않은 채로 지금에 이르고 있다.

참고로 산인 지방의 반대쪽에 속하는 지역은 산요(山陽) 지방이라고 부른다. '山陽'라는 지명 역시 오기칠도(五畿七道)의 하나인 '산요도(山陽道)'에서 유래한다. 현으로 하자면 주로 오카야마 현(岡山縣)이나 히로시마 현(廣島縣) 등이 여기에 속한다.

나는 이제까지 산요 지방에 속하는 지역은 비교적 자주 드나들 수가 있었다. 그런데 웬일인지 산인 지방에 갈 기회가 그다지 많지 않았다. 물론 한국에서 가자면 교통도 산요 지방에 비해서 불편하다. 이번에 작정하고 산인 지방을 탐방하였다. 시마네 현에서는 마쓰에(松江) 중심으로 걸어 다녔다. 마쓰에는 시마네 현의 현청 소재지이다. 근대 이전부터 마쓰에 번(藩)의 조카마치(城下町)를 중심으로 발전해왔으며, 현재 산인 지방에서 가장 인구가 많은 도시이다.

시마네 역에서 혼자서 택시를 타고 시마네 현청으로 향했다. 현청 안에 있는 '다케시마 자료실(竹島資料室)'을 둘러보기 위해서

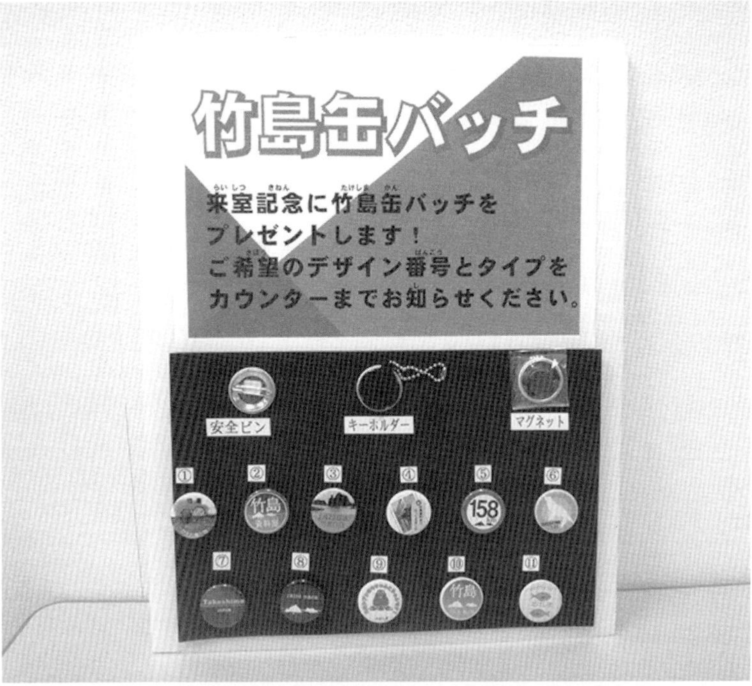

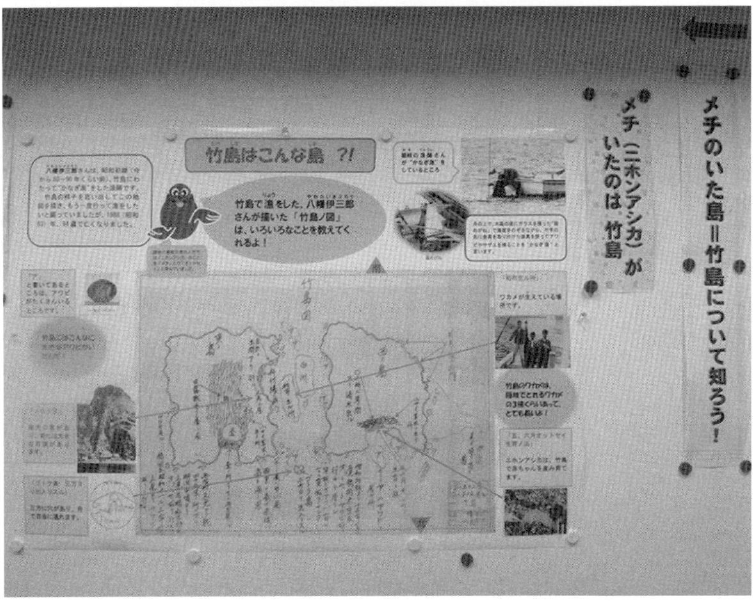

1	1 자료실의 독도(다케시마) 관련 설명 자료
2	2 방문객을 위한 방문 기념품 배지(badge)

이다. 자료실은 2007년 4월에 처음 개설되었다. 자료실은 제3분청사(第3分廳舍) 안에 있었다. 잘 알다시피 시마네 현은 현 의회에서 조례로 2월 22일을 '다케시마의 날(竹島の日)'로 제정하는 등, 독도(다케시마) 영유권 문제에 가장 강경하고 민감하게 반응한 지역이다. 역사적으로 독도는 시마네 현 소속이라고 믿고 있기 때문이다. '다케시마의 날'을 2월 22일로 정한 것은 1905년 각의 결정에 따라서 시마네 현 지사가 독도(다케시마)를 시마네 현의 오키시마(隠岐島) 관할로 한다는 것을 공시한 날이기 때문이다.

자료실 안으로 들어가서 둘러보니, 독도(다케시마) 관련 역사자료 및 저작 등을 한데 모아 놓고, 여기저기 독도가 일본(시마네 현)의 영토임을 강조하는 내용을 적은 전시물을 걸어두었다. 방문 기념품으로 다양한 디자인의 배지(badge)를 만들어 놓고 방문객에게 선물을 하기도 한다. 특히 내 눈에 띄었던 것은 초등학생 및 중학생들을 향한 '영토 교육'이었다. 전시실 한쪽에 초등학생들을 위한 코너가 따로 마련되어 있었고, 중학생들의 작문 콩쿠

자료실의 초등학생 교육 코너

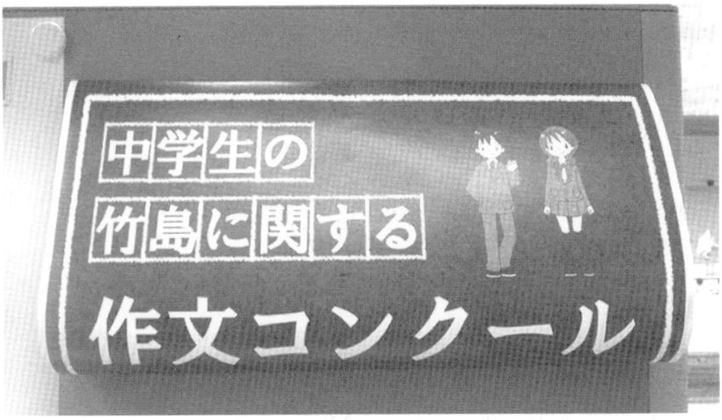

중학생들의
작문 콩쿠르 코너

르 코너가 마련되어 있다. 초등학교(소학교)나 중학교 때부터 학교교육이나 사회교육을 통해서 '영토 교육'을 받은 아이들이 어른이 되어서 갑자기 영토 문제에 대한 인식이 바뀔 리는 만무하다. 훗날 한국과 일본 사이에 가로놓인 독도(다케시마) 영유권 문제를 좀 더 유연하게 생각할 수 있는 여지가 그만큼 줄어드는 셈이다. 이 점은 어쩌면 한국의 경우도 마찬가지이다. 역사적 '사실'을 밝혀서 바로 잡는 일 못지않게 중요한 것은 그 역사적 사실을 상호간에 어떻게 '인식'하고, 상호 인식 사이에 괴리가 있을 때에는 좁혀나갈 방안을 찾기 위해서 고민하는 노력일 것이다. 독도 영유권 문제에 대한 양국 사이의 인식은 너무나 거리가 있다. 앞으로도 당분간 독도 영유권 문제에 대한 원만한 해결은 기대하기 어려울 것 같다.

자료실에서 머지않은 곳에 문학자 고이즈미 야쿠모(小泉八雲)의 기념관이 있다. 이곳은 마쓰에 출신의 민담 연구자 사카이 다다요시(酒井董美) 선생님과 동행하였다. 그 역시 아시아설화학회의 주요 멤버이다. 사카이 선생님은 오래전에 시마네(島根) 대학을

1 고이즈미 야쿠모 기념관 전경
2 고이즈미 야쿠모 구거(舊居) 정면

정년퇴임하고 나서도 왕성한 연구 활동을 이어가고 있다. 지금도 산인 지방의 민담을 수집하여 지역 신문에 연재중이며, 나를 포함한 본인의 지인들에게 메일로 자료를 보내주곤 한다. 나는 연구회에서 그 분을 뵐 때마다 저절로 고개가 숙여진다.

고이즈미 야쿠모는 그리스 태생으로 본명은 영어로 패트릭 래프카디오 헌(Patrick Lafcadio Hearn)이다. 1896년에 일본 국적을 취득하여 이름을 바꾸었다. 그의 일본 이름 '야쿠모(八雲)'는 시마네의 옛 지명이다. 그가 한때 시마네 현 마쓰에 시에 거주한 적이 있어서 그 인연으로 이런 이름을 지었다고 한다. 기념관 바로 옆에 그가 살던 집이 그대로 보존되어 있다.

기념관 안에는 고이즈미의 생애와 창작활동을 한눈에 확인할 수 있는 각종 자료들이 전시되어 있다. 그는 일본의 괴담 및 기담(奇談)에 관심이 많았다. 특히 그의 작품 중에서 『괴담(怪談)』은

고이즈미 야쿠모 기념관 벽에 전시된 가족사진

고이즈미 야쿠모가 영어로 번역한 일본의 이야기책

널리 알려져 있다. 이는 그가 일본의 괴담을 모아서 영어로 출판한 책이다. 국내에서는 그의 저서 중에 『라프카디오 헌, 19세기 일본 속으로 들어가다』(노재명 역, 2010, 한울아카데미)라는 제목의 책이 번역되었으며, 기담집 중에 『골동기집담』이라는 제목의 책이 번역되기도 하였다. 이 기담집의 원저는 1902년에 'Kotto'라는 제목으로 영어로 발간되었다.[김영배 역, 『골동기집담』, 2019, 허클베리북스]

고이즈미 야쿠모(小泉八雲)의 이름인 '이즈모(出雲)'는 지금도 지명으로 사용한다. 대표적인 곳이 시마네 현 이즈모 시(出雲市)이다. 이곳에는 그 유명한 이즈모 다이샤(出雲大社)라는 신사가 있다. 나는 2011년에 대학원생들과 함께 처음 이곳을 답사하였다.

이 신사에 모셔진 주신(主神)은 일본신화에 등장하는 오쿠니누시노미코토(大國主命神)이다. 이 신은 고대 한반도와 인연이 깊은 한반도 계열의 신으로 알려졌다.

신사 입구를 들어서면 곧장 신전으로 향할 수 있다. 이곳 신전은 특히 정면 처마 밑에 걸린 대형 금줄(注連縄)이 유명하다. 신사 경내를 둘러보니, 사무소 접수처에 붙여놓은 '이즈모 지방 신불영장 제1번 이즈모 대사(出雲國神佛靈場出雲大社)'라고 쓴 현판이 눈에 들어온다. 이는 이즈모 지방에 산재한 20군데 사찰과 신사를 돌며 각종 소원을 비는 순례이다.

일본은 전통적으로 순례문화가 발달한 나라이다. 불교 순례만을 열거하여도, 흔히 '시코쿠 헨로(四國遍路)'라는 이름으로 통용되는 시코쿠(四國)지역에 산재한 88군데 사찰을 도는 '시코쿠팔십팔개소(四國八十八ケ所)'를 비롯하여, 관서지역 중심의 '사이고쿠삼십삼소순례(西國三十三所巡禮)', 관동지역 중심의 '반도삼십삼개소순례(板東三十三ケ所巡禮)', 사이타마 현(埼玉縣) 지치부(秩父) 지역의 '지치부삼십사소순례(秩父三十四所巡禮)' 등은 대표적인 순례로 널리 알려져 있다. 멀리 변방에 위치한 쓰시마(對馬)에는 '쓰시마 88 지장보살 순례(對馬八十八地藏菩薩)'가 있다.

신도의 신사 경우에도 도쿄에 산재한 10군데 유명한 신사를 도는 '도쿄십사(東京十社)'가 있으며, 교토를 중심으로 역사적으로 유명한 신사 22군데를 도는 '니주니샤(二十二社)'가 있다. 이즈모 지방은 신사의 신과 불교의 부처를 합한 '신불 영장' 형태로 20군데 신사와 사찰을 순례한다. 그 중에서 이즈모 다이샤가 제1번으로 꼽히는 것을 보면 이 신사의 역사적인 위상 및 비중이

1 이즈모 다이샤(出雲大社) 신사 입구
2 신사 신전에 걸린 대형 금줄

크다는 사실을 짐작할 수 있다. 신사와 사찰을 함께 순례하는 신불 영장의 존재는 일본의 불교사 내지 종교사에서 여전히 '신불습합' 사상이 뿌리 깊게 자리하고 있다는 사실을 보여준다. 신이 곧 부처이고 부처가 곧 신이라니 편리한 신앙이 아닐 수 없다. [신불습합에 관해서는 이 책의 제2장을 같이 참조]

경내 길을 따라서 쭉 걷다 보니 신사 경내의 정원 쪽에 신화에 등장하는 오쿠니누시노미코토 신과 토끼를 형상화한 조형물이 발견된다. 이 신과 토끼를 조합한 조형물은 교토 기요미즈데라(淸水寺) 경내에 위치한 지슈 신사(地主神社)에도 세워져 있다. 이들 조형물은 일본에서 가장 오래된 역사서 『고사기(古事記)』 신화 부분에 나오는 이야기에 바탕을 둔다. 이 이야기는 흔히 '이나바 지방 흰 토끼(因幡の白兎)'라는 이름으로 알려졌다. 일제강점기에 초등학교 교과서에도 수록된 적이 있는 매우 흥미로운 내용으로, 요약하여 적으면 다음과 같다.[노성환 역, 『고사기』, 2009, 민속원]

> 오쿠니누시노미코토 신은 형제들이 많았는데, 이들은 이나바에 사는 야카미히메(八上比賣) 여신에게 청혼을 하러 여행을 떠났다. 그는 형들의 짐을 메고 가장 뒤에 따라갔다. 형들이 앞서 가다보니 가죽이 벗겨진 토끼가 신음하며 괴로워하고 있었다. 형들은 이 모습을 보고 바닷물로 몸을 씻고 산봉우리 위에 엎드려 있으라고 알려주었다. 토끼가 더욱 괴로워하고 있을 때에 오쿠니누시노미코토 신이 그 부근을 지나가게 되었다. 그는 토끼에게 괴로워하는 이유를 묻고서는, 강물로 몸을 씻고 부들나무 꽃가루 위에서 뒹굴도록 가르쳐주었다. 덕분에 몸을

회복한 토끼는 오쿠니누시노미코토 신이 여신과 혼인을 할 것 이라고 예언하였다.

물론 여기 등장하는 토끼는 신격을 지닌 신성한 동물이다. 오쿠니누시노미코토 신과 여신을 맺어준 이야기에 근거하여, 이

1 접수처에 걸린 제1번 신불영장 현판
2 신화에 등장하는 신과 토끼를 형상화한 조형물

신을 모신 신사는 젊은 남녀의 인연을 맺어주는 신사로 통용되기도 한다. 가장 유명한 곳이 앞서 언급한 교토 기요미즈데라 경내에 위치한 지슈 신사(地主神社)이다. 이곳은 지금도 일본의 젊은 남녀들이 즐겨 찾는 신사이다. 지슈 신사 안에는 남녀의 인연이 가능한지를 점쳐보는 바위가 놓여있기도 하다.

사카이미나토 시 다케노우치 정의 돈도야키 행사

시마네 현 답사를 마치고 이번 여행의 주된 목적인 돈도야키를 보기 위해서 다케노우치 정으로 이동했다. 다케노우치의 돈도야키는 1월 둘째 일요일에 거행한다. 2015년은 1월 11일이 둘째 일요일이었다.

다케노우치를 포함해서 이 일대의 돈도야키는 대략 다음과 같이 구성된다. 1.행사 책임자 도야(頭屋)를 교대하는 도와타시(頭渡し) 의례, 2.지면에 대나무를 세우고 그 주위에 시메나와카자리(注連縄飾り) 및 금줄(注連縄)을 장식한다. 이 과정을 돈도다테(トンド立て)라고 부른다.[돈도(トンド)는 그 설치물은 가리키는 말이다.] 4.세덕신(歲德神)을 태운 가마(神輿)나 장식수레, 악대, 그리고 사자춤의 사자(獅子) 등이 마을 안을 돌아다닌다.[이를 가리켜 신코 행렬(神幸行列)이라고 한다.] 5.설치물 돈도에 불을 지피는 히와타시(火渡し) 순서로 진행한다.

다카노우치 돈도야키는 마을 주민들이 마을회관에 모여서 시작한다. 오후 1시쯤 마을회관으로 가니 회관 안 도코노마(床の間)라는 공간 바로 옆에 제단이 마련되어 있다.[도코노마는 일본식 방

1 마을회관 안에 안치된 미코시와 제단
2 미코시와 신의 신체 거울

한쪽에 약간 높게 단을 설치한 곳이다. 손님이 오면 그 앞에 앉히는 중요한 공간이다.] 중앙에는 신이 타고 다닐 미코시(御輿) 가마가 놓여 있다. 이 미코시는 신사 건축 양식의 본을 따서 작게 만들었다. 미코시 정면 가운데에 놓인 둥근 거울은 신체(神體)이다. 미코시 처마 밑에는 시메나와 금줄을 둘러놓았다. 그 주위 사방으로 고헤이(御幣)라고 부르는 흰 종이를 오려서 만든 장식물을 세워놓았다. 그리고 미코시 바로 앞에 양쪽으로 푸른 나뭇잎 가지를 작은 화병에 꽂아두었다. 양쪽 화병 사이 및 아래 단에 제물을 차려놓았다.

제물은 한가운데에 둥글게 만든 가가마모치(鏡餠)[거울처럼 둥글게 만든다고 해서 붙여진 이름이다. 일본 가정에서는 새해에 이 떡을 만들어서 집안 여러 곳에 차려놓는다.]를 차리고 그 위에 감귤을 올

제단에 차린 제물

제단 옆에 놓인 사자 탈

려놓았다. 그 옆으로 오미키(お神酒)라고 부르는 술이 담긴 술병과 소금을 담은 그릇을 함께 차렸다. 아래 단에는 다마구시(玉串)라고 부르는 나뭇잎 장식, 마른 오징어, 다시마 등을 같이 올려놓았다. 꼭 필요한 제물만을 차린 매우 간소한 제단이다.

제단 양쪽으로는 사자춤에 사용하는 사자 탈 두 개가 안치되어 있다. 규모가 큰 마쓰리에는 사자 탈만이 아니라 본격적으로 사자로 분장하여 사자춤을 추는데, 이곳은 사자 탈 만으로 대신한다. 사자 탈은 미코시가 마을을 행진할 때에 미코시 앞에서 이를 선도하는 역할을 맡은 사람이 얼굴에 쓴다. 돈도야키를 끝낸 다음날이면 집집마다 돌며 축원해주고 금품을 거둘 때에도 사자 탈을 쓴 사람이 동행한다.

제단 약간 왼쪽에 큰북이 놓여있다. 이 북은 불교의 승려나

1 **1** 마쓰리 제례의 시작을 알리는 간누시(神主)의 북치기

2 **2** 간누시의 제문 읽기

기독교의 목사에 해당하는 신사의 간누시(神主)가 마쓰리를 시작하는 의례를 거행할 때에 사용한다. 제단 아래로는 발에 크게 '어세덕대신(御歲德大神)'이라고 써서 늘어뜨려 놓았다. 돈도야키 마쓰리는 이 신을 맞이하기 위한 제례로 세덕신을 가리켜서 돈도(トンド)라고 부르기도 한다. 말하자면 돈도야키는 여느 마쓰리와 마찬가지로, 새해에 돈도라고 부르는 세덕신을 맞이하여 축원하고 다시 신을 돌려보내는 일련의 민속행사이다.

마을회관 제단 앞으로 마을 유지를 비롯한 사람들이 모두 모이면 간누시가 큰북을 치고 제례를 시작한다. 이어서 제단을 향해 절을 하고 제문을 낭독한다. 작은 마을 단위의 소박한 마쓰리라서 그런지 시종일관 간누시 혼자서 제례를 진행하였다. 그 때문인지 나처럼 외부에서 방문하여 견학하는 사람 입장에서는 오히려 제례 과정을 알기가 쉬웠다. 제례가 끝나면 마을회관에서 행렬을 시작한다.

돈도야키의 미코시 행렬

돈도야키의 행렬 구성은 소박하다. 이는 이 마쓰리가 외부에서 찾아오는 구경꾼과는 무관하게, 새해에 세덕신을 맞이하여 현지 주민들의 건강과 안전을 기원하기 위한 '주민 주도형' 마쓰리이기 때문일 것이다. 실제로 외부에서 구경하러 온 사람들이 거의 없다. 지역 주민 위주로 소박하게 진행하는 만큼 마쓰리의 본래적 의미가 잘 전달되고 이해하기 쉬웠다.

행렬은 해와 달이 그려진 단선(團扇)을 붙인 깃대를 든 두 사

1	2
3	4
5	6

1 마을회관에서 행렬을 출발

2 돈도야키 행렬의 마을돌기

3 수레에 실은 미코시 행렬

4 행렬의 큰북

5 큰북 뒤의 악대 행렬

6 행렬 가장 뒤에서 깃대를 들고 따라가는 마을사람들

람을 선두로 하여, 마쓰리의 책임자 도야(頭屋)에 해당하는 유지 두 사람이 그 뒤를 따른다. 두 사람 중 한 사람은 손에 신체(神體)를 상징하는 거울을 든다. 이어서 사자탈을 쓴 사람이 뒤를 따르고 그 뒤에 미코시, 이어서 큰북·작은북·피리 등으로 장단을 맞추는 사람들, 그 뒤로 각각 노보리(幟)라고 부르는 깃대를 든 마을 사람들이 따른다. 각각의 깃대에는 지구별 도야의 이름과 함께 세덕대신(歲德大神)이라는 글씨가 쓰여 있다. 이들 행렬은 마을 회관을 출발하여 마을 곳곳을 돌고나면 돈도를 태우는 돈도야키 장소로 이동한다.

마쓰리의 절정, 돈도 불태우기

이 날 돈도야키는 마을 공터 두 곳에 불을 태우는 공간을 마련하였다. 가운데에 큰 소나무를 베어서 기둥을 세우고 이를 밧줄로 고정하여 돈도를 설치하였다. 이 소나무는 말하자면 일종의 신목(神木)인 셈이다. 미코시 행렬이 이곳으로 들어오면 불을 지핀다. 마을 사람들은 이곳으로 새해를 맞이하여 집에 장식하였던 가도마쓰나 시메카자리를 들고 나와서 태운다. 가도마쓰나 시메카자리는 일종의 성물(聖物)이므로 함부로 내다버리지 않고 불에 태우는 것이다. 처리 곤란한 쓰레기도 내다버릴 수 있으니, 신앙적인 측면에서만이 아니라 실용적인 측면에서도 편리하다. 돈도가 타는 동안에 긴 장대에 떡을 매달아서 불에 집어넣어 굽는 사람도 눈에 띈다. 그 떡은 대개 앞서 언급한 새해에 집안에 차려놓은 가가마모치이다. 마쓰리를 통해서 건강과 안전도 보장

1 미코시 행렬 도착과 돈도에 쌓인 새해 장식물
2 돈도에 불을 지펴 태우기

1 긴 장대에 떡을 매달아서 굽는 모습

2 돈도야키 동안에 아이를 데리고 나와서 사자에게 깨물도록 하여 무병장수를 기원

받고 맛있는 떡도 구워먹을 수 있으니, 이보다 좋을 순 없겠다. 돈도야키에서 태운 시메나와카자리 재를 집으로 가지고 가서 집 주위에 뿌리기도 한다. 이렇게 하면 그 해에 병을 물리친다고 믿기 때문이다. 돈도가 타는 동안에 어린 아이가 있는 가정에서는 아이를 데리고 나와서 사자 탈을 쓴 사람 앞으로 간다. 그러면 사자는 입으로 어린 아이를 깨무는 시늉을 한다. 여기에는 아이의 무병장수를 빌며 축원하는 의미가 담겨 있다.

마을 공터의 돈도 태우기가 모두 끝나면, 마을 사람들은 다시 행렬을 지어 미코시를 보관하는 창고를 향한다. 창고에 미코시를 넣은 후에 악기 연주에 따라 간단한 의례를 하고 이날 마쓰리를 마감한다. 이 사이에 마을 사람들이 미코시 앞으로 다가와서 절을 하며 새해 소원을 빈다.

돈도야키를 끝낸 이튿날에 행렬에 참여했던 마을 사람 몇몇이서 다시 모인다. 그 중에는 사자 탈을 쓴 사람이 섞여 있다. 이들은 마을을 돌며 집집마다 방문하여 새해의 건강과 가내 안전을 축원하고, 그 대가로 약간의 금품을 걷는다. 이때의 사자는 각각의 집을 축복하기 위해서 찾아온 일종의 내방신(來訪神)인 셈이다. 이처럼 마쓰리 기간에 집집마다 돌며 축원하고 금품을 갹출하는 광경은 일본의 여느 마쓰리에서나 흔히 볼 수 있다. 이 광경은 내가 어렸을 때는 한국에서도 정월대보름을 비롯한 명절에 흔히 볼 수 있었다. 그 많던 한국의 신들은 다 어디로 갔는지, 일본의 마쓰리를 견학할 때마다 늘 아쉬움이 크다.

1	2
3	4
5	6

1 돈도야키가 끝나면 마을 창고에 미코시를 넣어서 보관
2 마을 창고에 넣은 미코시
3 돈도야키를 마감하는 악대의 연주
4 미코시 앞에서 소원 빌기
5 돈도야키의 사자 탈
6 마을 젊은이들이 집집마다 돌며 금품을 거두며 건강과 안전을 축원

마쓰리 조직과 진행 책임자 도야(頭屋)

마쓰리가 단절되지 않고 존속하기 위해서는 마쓰리를 운영하는 조직이 중요하다. 일본의 어느 지역이나 마쓰리를 운영하기 위한 조직이 구성되어 있다. 다케노우치 마을에도 돈도야키를 진행하는 조직이 구성되어 있는데, 그 이름이 '스즈다케코(煤竹講)'이다.[고(講)는 한국의 계에 해당하는 공동체 조직이다.] 참고로 '스즈다케(煤竹)'는 그을음이 낀 대나무라는 뜻이다. 오래된 초가집의 지붕 안이나 천장에 설치한 대나무에 화로에서 올라온 연기가 묻어서 생긴 그을음이다. 앞의 창고에 미코시를 집어넣고 마쓰리를 마감하는 음악을 연주하는 사진에 '煤竹'라는 글씨가 보인다.

또한 그 해 돈도야키를 진행하는 당번 역할을 하는 책임자를 가리켜 '도야(頭屋)'라고 부른다. 전통적으로 이 도야는 제비뽑기로 정했다고 한다. 그런데 제비를 뽑는 방식이 흥미롭다. 첫째날 돈도에 불을 피우는 돈도야키가 모두 끝나면 미코시를 그 해 도야의 집에 안치한다. 그 미코시 앞에 자그마한 상을 차리고 그 위에 다음 도야를 맡을 사람 다섯 명의 이름을 적은 제비를 놓아둔다. 그러면 세습하여 마쓰리 일체를 총괄하는 돈도야(ドンド屋)라고 부르는 사람이 흰 종이 장식물 고헤이로 부쳐서 가장 멀리 날아간 제비에 이름이 적힌 사람이 다음 해의 도야를 맡는다. 도야가 정해지면 마을 장로 두 명이 도야로 뽑힌 집으로 가서 이를 알린다.[鳥取縣教育委員會, 『「弓浜半島のトンド」調査報告書』, 2012, 鳥取縣教育委員會]

1
2

1 마을 장로가 다음 해의 도야(頭屋) 집을 방문하여 인사
2 마쓰리가 끝난 후의 뒤풀이 자리

다케노우치에서는 현재 형식상 제비뽑기를 하여 정하지만 대개 경우에 마을 유지에 해당하는 사람 중에서 미리 정해 놓는다고 한다. 나는 현장에서 직접 볼 수 없었는데, 2015년에도 제비뽑기로 다음 해 도야를 정하였다. 마을 장로에 해당하는 두 사람이 차기 도야로 뽑힌 사람 집으로 가서 이를 보고하였다. 다행히 이 과정은 곁에서 직접 지켜볼 수가 있었다. 도야 집에서는 두 사람을 기다리고 있다가 이들에게 간단한 술상을 차려 대접하며 서로 덕담을 나누었다. 이어서 함께 마을회관으로 가서, 기다리고 있던 주민들에게 인사를 하고 마쓰리 뒤풀이에 가담하였다. 이 '뒤풀이'를 가리켜 '나오라이(直会)'라고 한다. 나오라이는 마쓰리를 무사히 마친데 대한 감사와 서로의 노고를 위로하는 자리이다. 술과 맛있는 음식을 들며 서로의 유대감과 소속감을 확인하는 중요한 자리이다.

민간 의례와 불교 의례의 융합, 오코나이

오코나이(オコナイ)는 마을에서 풍작, 풍어, 안전을 기원하는 의미로 1월에서 3월 사이에 행하는 마을 행사이다. 불교 사찰에서 행하는 수정회(修正會) 및 수이회(修二會)와도 관련이 있는 것으로 여겨진다. 말하자면 전통적인 민간 의례와 불교 의례가 융합한 민속행사이다. 수정회는 매년 1월 사찰에서 행하는 법회이다. 그리고 수이회는 매년 2월에 사찰에서 행하는 법회이다.[일본어로 '슈니에'라고 부르며 나라에 있는 도다이지(東大寺)의 니가쓰도(二月堂)에서 행하는 슈니에는 역사도 오래되었고 전국적으로 유명하다.] '오코이(オコナイ)'라는 용어는 일본의 불교설화집 『산보에(三宝絵)』(984)

및『곤자쿠모노가타리슈(今昔物語集)』등의 문헌에 등장한다.

이 행사는 대개 제비뽑기나 순번으로 정한 도야(頭屋)라는 당번 책임자를 중심으로 큰 떡을 만들고 조화를 장식하며, 무악의 전주곡 란조(亂聲)를 연주하며 우옥보인(牛玉寶印)이라고 칭하는 호부(護符)를 수여한다는 특징이 있다.[福田アジオ 他, 『日本民俗大辭典 上』, 1999, 吉川弘文館] 참고로 '牛玉寶印'은 일본어로 '고오호인'으로 읽는다. 사찰 및 신사에서 발행하는 부적을 말한다.

야마모토 선생님이 살고 있는 사카이미나토 시의 다케노우치 정(竹內町) 마을 사람들은 오코나이를 현지 방언으로 '오코냐(オコニャ)'라고 부른다. 마을 사람들과 대화를 나누어보면, 이들이 근대 이전인 에도(江戶) 시대부터 행해온 유서 깊은 전통행사인 오코냐에 대한 자부심이 대단하다는 것을 느낄 수 있다. 실제로 현재 돗토리 현(鳥取縣)에서 유일하게 이 마을에서만 전승하고 있다고 한다. 나는 2021년 다케노우치 정에서 행하는 오코나이를 보러가기 위해서 준비를 하였으나, 코로나19 탓에 결국 가지 못했다. 다행히 다케노우치 오코나이보존회에서 발간한 조사보고서와 DVD가 있어서 이걸 보면서 만족해야 했다. 야마모토 선생님과 면담한 내용과 아울러서 그 진행과정을 요약하면 다음과 같다. 관련 사진은 사카이미나토 시(境港市) 교육위원회의 다케우치 마사루(竹內勝)씨에게서 제공을 받았다.[竹內町御講內保存會, 『竹內町のオコナイ調査報告書』, 2019, 竹內町御講內保存會]

1. 1월 5일 : 찹쌀 30킬로그램을 씻어서 물에 담가둔다. 우쓰기(ウツギ)라 부르는 나뭇가지 15개와 하나노키(ハナノキ) 나무 15개를 같이 준비한다.

2. 1월 7일 : 두 종류 틀에 넣어서 찧은 떡으로 대축(大祝) 떡 2개와 약축(藥祝) 떡 2개를 만든다. 2단 7겹의 소축(小祝) 떡도 같이 만든다. 우쓰기 나뭇가지로 호부를 만든다. 찰밥을 오려놓는데 사용할 둥근 원 모양의 밧줄(輪繩)을 짚으로 만든다.
3. 1월 8일 : 가가마모치(鏡餠)라고 부르는 둥근 떡에 '나무약사여래(南無藥師如來), 국가안태(國家安泰), 정내안전(町內安全), 가내안전(家內安全), 오곡풍양(五穀豊穰)'이라고 검은 글씨로 쓴다. 대축(大祝) 떡과 약축(藥祝) 떡을 각각 하나씩 겹치고 그 위에 소나무 장작 4개를 십자가 모양으로 만들어 밧줄로 고정한다. 이것을 고모토(講元) 집으로 운반한다. 공물(供物) 준비를 한다.
4. 1월 9일 : 고모토 집으로 고(講) 모임의 회원들이 모여서 쇼후쿠지(正福寺)와 다이도지(大同寺)의 주지승을 초대하여 법회를 연다. 법회가 끝나면 주지승을 선두로 행렬을 이루고 고모토 집을 출발한다. 모임 회원들이 가가미모치 하나씩을 봉에 걸어서 매고 간다. 공물도 함께 나누어 들고 다이도지까지 행렬하여 걷는다. 다이도지에 도착하면 다음 해 오코나이를 담당할 모임 회원들도 동석하여 법회를 연다.
5. 차기 오코나이를 책임질 고모토에게 가가마모치와 공물을 건넨다. 차기 고모토는 가가미모치를 15등분하여 쪼개고, 가가미모치, 호부(護符), 하나노키를 14군데 고모토 집으로 나누어 보낸다. 이 때 호부는 고모토 집에서 길한 방향을 향해서 꽂아둔다.[이 길한 방향을 '에호(惠方)'라고 한다.] 15등분으로 쪼갠 가가미모치를 받아든 고모토는 이를 더욱 잘게 쪼개서 각각의 모임 회원 전원에게 나누어준다.

1	2
3	4

1 마을 회원들의 떡 만들기: 竹內勝씨 제공
2 가가미모치 떡을 소나무 장작에 고정하기: 竹內勝씨 제공
3 호부를 나뭇가지에 끼워 넣기: 竹內勝씨 제공
4 가가마모치 등의 공물을 고모토 집의 불전(佛前)에 차리기: 竹內勝씨 제공

5	6
7	8

5 고모토 집의 법회: 竹內勝씨 제공
6 가가미모치 등의 공물을 다이도지 절로 옮기기: 竹內勝씨 제공
7 다이도지 절에서의 법회: 竹內勝씨 제공
8 차기 고모토의 떡 쪼개 나누기: 竹內勝씨 제공

구라요시(倉吉)의 〈선녀와 나무꾼〉 전설

사카이미나토 시의 돈도야키를 견학한 후에 남은 일정은 돗토리 현 구라요시 시(倉吉市)에서 보냈다. 구라요시는 돗토리 현의 현관으로 일컬어지는 지역으로 특히 벽을 흰색으로 칠한 흙집 창고[이를 '시라카베도조(白壁土藏)'라고 한다.]의 시가지가 유명하다. 구라요시는 이전에도 둘러본 적이 있는데, 이번에 다시 찾은 것은 이 지역에 전하는 〈선녀와 나무꾼〉 현장을 천천히 둘러보고 싶었기 때문이다.

〈선녀와 나무꾼〉 이야기는 일본에서 〈천상의 아내(天人女房)〉 또는 〈우의설화(羽衣說話)〉라고 부른다. 이 이야기는 한국, 중국, 일본, 인도, 동남아시아 등에 비슷한 유형의 설화가 분포한다. 서구에서는 보통 〈백조처녀설화(Swan Maiden)〉라는 이름으로 전한다.[篠田知和基, 「『天人女房』と世界の類話」『広島国際研究』 13, 2007, 廣島市立大學國際學部]

일본에는 전국 각지에 여러 유형의 〈선녀와 나무꾼〉 이야기가 전하고 있다. 예를 들면 문헌으로는 『오미노쿠니 풍토기(近江國風土記)』에 전하는 이카고노무라지(伊香連) 씨족의 시조에 관한 전설이 널리 알려져 있다.[植垣節也 校注, 『近江國風土記』, 1997, 小學館] 일본에는 이 이야기와 관련한 '증거물'을 보여주는 유적지가 남아 있기도 하다. 유명한 곳으로는 시즈오카 현(静岡縣) 미호 반도(三保半島)의 미호노마쓰바라(三保の松原) 소나무, 오키나와 현의 기노완 시(宜野湾市) 마시키(眞志喜)에 있는 샘터 등이 특히 널리 알려져 있다. 나는 이 이야기에 흥미를 느끼고 그 유적지들을 둘

1	**1** 미호 반도(三保半島)의 미호노마쓰바라(三保の松原) 소나무
2	**2** 미호노마쓰바라(三保の松原) 비문
3	**3** 오키나와 〈선녀와 나무꾼〉 전설의 샘터

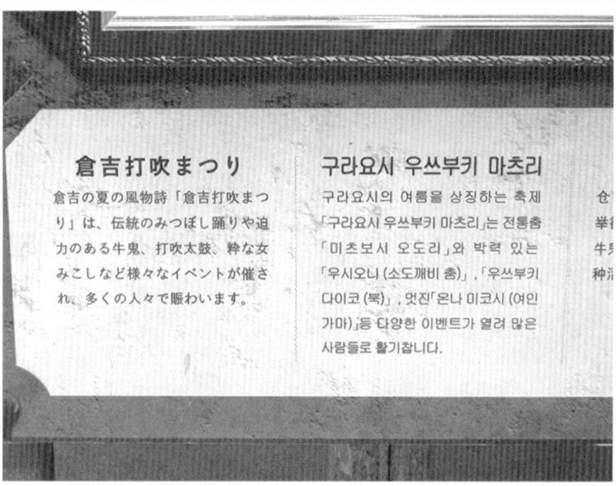

1
2
3

1 오키나와 〈선녀와 나무꾼〉 전설의 천녀상
2 구라요시의 〈선녀와 나무꾼〉 벽화
3 시가지의 우쓰부키마쓰리(打吹まつり) 안내판

러본 적이 있다. 답사 후에 오키나와에 전하는 〈선녀와 나무꾼〉 이야기는 역사적으로 류큐 왕조의 왕권을 지탱하는 왕권설화 구실을 했다는 논지의 논문을 발표하기도 하였다.[김용의, 「오키나와 우의(羽衣) 설화의 왕권설화로서의 성격- 야래자 설화와의 비교를 통해서-」『일어일문학연구』 제110집, 2017, 한국일어일문학회]

구라요시의 <선녀와 나무꾼> 이야기는 우쓰부키야마(打吹山)가 전설의 무대이다. 이 산은 높이가 204미터로 구라요시의 중심 시가지는 이 산의 기슭에 형성되었다. 이 산으로 하늘에서 천녀가 내려왔으며, 천녀가 하늘로 다시 올라간 후에 남겨진 아이가 산 정상에서 북을 치고 피리를 불며 어머니를 그리워했다는 전설이 남아 있다. 산 이름 '우쓰부키야마(打吹山)'는 산에서 북을 치고(打) 피리를 불었다고(吹) 해서 붙여진 이름이다. 우쓰부키야마에 올라가서 주변을 둘러보니, 산기슭 건물에 이 이야기를 소재로 하여 그린 벽화가 눈에 들어온다. 벽화는 하늘을 향해 날아가는 천녀, 그리고 북을 치고 피리를 부는 아이의 모습을 그렸다.

시가지를 걷다보니 우쓰부키마쓰리(打吹まつり)를 안내하는 간판이 눈에 들어온다. 이 마쓰리는 8월 제1 토요일과 일요일 이틀 동안에 개최하는 여름 마쓰리이다. 〈선녀와 나무꾼〉의 고장답게 마쓰리 행사 중에 '천녀(天女)'를 선발하는 미녀대회가 있으며, 마쓰리의 절정을 이루는 불꽃놀이 대회 이름도 '비천 불꽃놀이 대회(飛天花火大会)'이다. 말하자면 이 지역에 전하는 〈선녀와 나무꾼〉 이야기는 지역을 알리는 관광 상품으로 널리 활용되고 있다.

이 글을 쓰고 있는 2022년 새해에 야마모토 미치에 선생님에게서 메일을 받았다. 2021년에 이어서 올해도 코로나19 탓에 돈도야키나 오코나이를 제대로 행하기가 어렵겠다는 내용이었다. 새해에 장식해두었던 가도마쓰나 시메나와카자리 장식을 돈도에 넣어서 불태우듯이, 코로나19도 돈도에 넣어서 태울 수는 없는 것인지, 지금이야말로 돈도 신의 위력이 필요한 때인 것 같다.

제5장

시즈오카 현 하마마쓰의 니시우레 덴가쿠

민속예능의 고장을 가다

나는 2013년 2월에 대학원생들과 함께 일본의 시즈오카 현(静岡縣) 하마마쓰 시(浜松市)에 머물렀다. 하마마쓰 시 미사쿠보 정(水窪町)에서 거행하는 니시우레 덴가쿠(西浦田樂)라는 마쓰리를 조사하기 위해서이다. 하마마쓰는 하마마쓰 호(浜松湖)라고 부르는 호수에서 잡은 장어가 유명한 지역이다. 여기서 생산하는 장어 엑기스를 재료로 하여 만든 장어 파이는 이 지역 특산물 중의 하나이다.

'덴가쿠(田樂)'란 다아소비(田遊び)를 비롯한 벼농사와 관련된 예능을 총칭하는 용어이다. 다아소비는 그 해 벼농사의 풍년을 신에게 예축하는 민속예능이다. 니시우레 덴가쿠는 1975년에 일본에서 문화재보호법을 개정하면서 중요무형민속문화재(重要無形民俗文化財) 제도가 만들어질 때에 제1회로 지정될 만큼 역사적으로 유서 깊은 마쓰리이다. 특히 이 일대는 전통적인 민속예능을 공

연하는 마쓰리가 성행한 지역이다. 니시우레 덴가쿠는 인근 지역의 '니노노 유키마쓰리(新野の雪祭り)'와 '오쿠미카와노 하나마쓰리(奥三河の花祭り)'와 더불어 일본 국내에서 널리 알려진 전통예능이다. 니노노 유키마쓰리는 1월 14일 밤부터 다음날 아침까지 이즈 신사(伊豆神社) 경내에서 거행한다. 유키마쓰리라는 명칭에서 알 수 있듯이, '눈(雪)'을 풍년이 들 길조로 간주하고 논밭의 곡식이 잘 되기를 기원한다. '하나마쓰리'는 아이치 현(愛知縣) 기타시타라 군(北設樂郡)의 도에이 정(東榮町)이나 도요네 촌(豊根村)을 중심으로 행해지는 민속예능이다.

니시우레 덴가쿠는 하마마쓰시 미사쿠보 정 쇼노(所能) 지역에 소재하는 관음당 경내에서 음력 1월 18일부터 19일 아침까지 철야로 진행한다. 이는 노슈(能衆)라고 부르는 전승집단을 중심으로 거행한다. 역사가 오래된 마쓰리인 만큼 당연히 문헌에도 기록되어 있다. 근대 이전의 관련 기록으로는 「관음어제다유인별장(觀音御祭多遊人別帳)」(1737)[大栗平傳右衛門 작성], 「觀音御祭多遊人別帳」(1737)[池島善之助 작성], 「觀音御祭多遊人別帳」(1800) 등이 남아 있다. 여기서 '인별장(人別帳)'이란 일종의 인구조사이다.[일본어로는 '닌베쓰초'라고 한다.] 이들 인구조사에 니시우레 덴가쿠의 예능 종목 및 그 담당자를 자세히 기록하고 있다.

이 마쓰리는 중요무형민속문화재로 지정되기까지 일본에서 민속예능 연구자들이 많은 관심을 갖고 연구하였다. 최근의 연구로는 특히 요시카와 유코(吉川祐子)씨의 연구가 두드러진다. 저자는 오랜 세월에 걸친 문헌조사 및 현지조사에 바탕을 두고 니시우레 덴가쿠의 전승론적 측면을 다각적으로 조명하며 연구하였다.[吉川祐子, 『西浦田楽の民俗文化論』, 2012, 岩田書院] 나는 하마마쓰 시를 방문하기 이전부터 그와 연락을 주고받으며 답사 준비를 하였다. 그는 일본민속학의 출발을 알리는 명저로 알려진 『도노 모노가타리(遠野物語)』(柳田國男, 1910)의 연구자이기도 하다. 이 책은 내가 한국어로 번역하여 소개한 적이 있다.[김용의, 『도노 모노가타리』(개정판), 2017, 전남대학교출판부] 그 때문인지 그와 대화를 나누면 화제가 풍부하고 자연스럽게 이야기가 길어진다.

마쓰리의 기원과 불교의 포교

1970년대에 니시우레 덴가쿠의 대표적인 전승자 중의 한 명인 다카기 히데사토(高木英鄉)씨가 「니시우레의 덴가쿠 성관세음제기록장(西浦の田樂 聖觀世音祭人別控覺帳)」(1977), 「성관세음보살유서기록(聖觀世音菩薩由緒記錄)」(1978) 등을 작성하였다. 여기에 기록된 전설에 의하면, 이 마쓰리는 요로(養老) 3년(719) 교기 보살(行基菩薩)이 이곳에 와서 성관음(聖觀音) 불상과 몇 개의 가면을 만든 것이 계기가 되었다. 그 해 7월 7일 예능이 시작되었다고 한다. 교기는 나라(奈良) 시대의 승려로 백제계 사람으로 알려져 있다. 그는 일본 각지를 돌아다니며 불교의 포교 활동을 하였다. 니시우레 주변 지역에는 교기가 만든 불상 관련 전설이 많이 전하고 있다. 예를 들면 「니시우레 덴가쿠 성관세음제 기록장」에 다음과 같은 기록이 있다.[吉川祐子, 『西浦田楽の民俗文化論』, 2012, 岩田書院]

> 전설에 의하면 요로(養老) 3년에 교기 보살(行基菩薩)이 쇼노(所能)에 와서 성관음(聖觀音) 불상과 몇 개의 가면을 만들어, 그 해 7월 7일부터 이 마쓰리가 시작되어 오늘에 이르고 있다고 한다. 그 불상은 지금 본존에 안치되어 있고, 가면은 덴가쿠(田樂)에 사용된다.

마쓰리가 전승되는 미사쿠보 정(水窪町)은 다양한 불교신앙 및 불교민속이 전해지는 지역이다. 대표적인 경우가 '넨부쓰오도리(念佛踊)'이다. 넨부쓰오도리는 징이나 북을 치면서 염불을 하고 춤을 추는 민속예능으로 불교와 관련이 깊다. 이 지역은 넨부쓰오도리가 성행하는 지역답게 일찍이 미사쿠보 정의 교육위원회에서 보고서를 발간하기도 하였다.[水窪町教育委員會編, 『水窪町の念佛踊』, 1997, 水窪町教育委員會] 넨부쓰오도리는 특히 불교의 관음신앙과의 관련성이 주목된다. 선행 민속조사 보고서에 의하면 미사쿠보 정에는 여러 곳에 관음당이 산재해 있다.[遠州常民文化談話會編, 『水窪の民俗』, 2012, 遠州常民文化談話會] 당연히 니시우레 덴가쿠의 예능 종목에도 이 지역의 관음신앙이 반영되었다. 이 점에 관해서는 나중에 다시 언급하기로 한다.

마쓰리의 전체 일정

니시우레 덴가쿠는 음력 12월 31일 관음당 옆의 숲쪽 사당에 모셔진 오쿠인 진수(奧院鎮守) 신에게 공미(供米)를 바치면서 시작한다.[진수(鎮守)는 일본어로 '진주(ちんじゅ)'로 읽으며 지역의 수호신을 의미한다.] 1월 7일에 총괄 책임자인 벳토(別當)가 피(稗)를 재료로

1 오쿠인 진수 신을 모시는 사당

2 마쓰리에 사용하는 히에자케(稗酒) 술

써서 히에자케(稗酒)라는 술을 담근다. 1월 11일에 전승자 집단인 노슈(能衆)가 벳토의 집에 모여서 역시 히에자케를 담근다. 1월 13일에는 신년을 축하하는 이와이기(祝木)를 바친다.[이와이기는 정월행사에 사용하는 의례용 나무이다.] 1월 15일에는 벳토가 오니구스(鬼ぐす)라고 부르는 술을 담근다. 이 술은 제의에 사용하는 가장 중요한 술이다. 1월 16일 밤에 구몬슈(公文衆)라 부르는 전승자 집단이 모여서, 1월 7일에 담갔던 술을 마신다. 이어서 1월 11일에 담갔던 술도 마저 마신다. 벳토는 이 날 저녁부터 가족들과 떨어져서 따로 식사를 한다. 마쓰리의 책임자이기 때문에 몸과 마음을 청정하게 재계하고 근신한다는 의미이다.[이를 가리켜 민속용어로 '벳카(別火)'라고 부른다.]

니시우레 덴가쿠는 1월 17일부터 본격적으로 진행한다. 1월 17일 해가 뜰 무렵에 노슈를 중심으로 관음당에 모여서 안쪽에 안치된 관음상의 문을 여는 의례인 '고카이초(御開帳)'를 진행한다. 밤에는 진수제(鎮守祭)라 부르는 제의를 행한다. 이 때 노슈들이 다음날 덴가쿠 공연을 위한 예행연습을 한다. 1월 18일 오전에 벳토 집에서 '덴구 마쓰리(天狗祭り)'를 행한다. 이는 벳토가 혼자서 집행하는 비의(秘儀)로, 신을 불러들여서 마쓰리가 무사히 진행되기를 기원하는 제의이다. 덴구(天狗)는 코가 길쭉한 신체적 특징이 있으며, 일본 설화에 자주 등장하는 신에 버금가는 요괴이다. 일본의 다른 지역 마쓰리에도 자주 등장한다.

오후 2시 무렵부터 '오코나이(おこない)'를 행한다. 이른바 오코나이는 가쿠토(ガクトウ)라는 공간에서 행하는 간단한 제의이다. 이 책 제4장에서 돗토리 현(鳥取縣) 사카이미나토 시(境港市) 다케

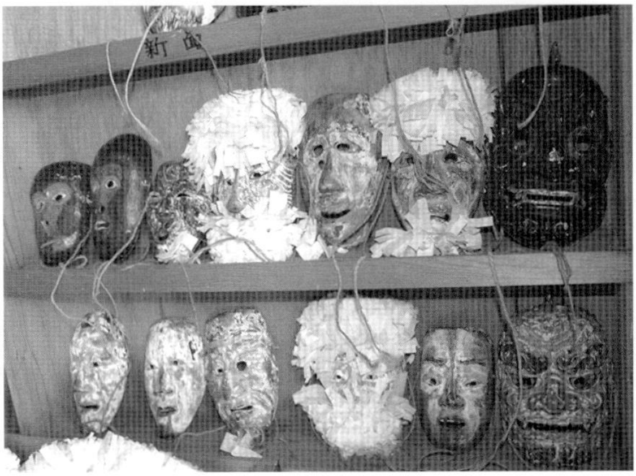

1	1 미사쿠보 정(水窪町)의 관음당
2	2 관음당 내부에 안치한 관음보살 목상
3	3 관음당 내부에 보관된 각종 가면

노우치 정(竹内町)의 오코나이를 소개하였다. 이 지역의 오코나이는 다케노우치 정의 오코나이와 명칭이 같지만 그 성격이 다르다. 이와 동시에 관음당의 바로 오른쪽 가면을 보관하는 곳에서는 연희에 사용할 가면을 손질하는 '멘사이즈리(めんさいずり)'를 진행한다. 오후 9시 경 달이 뜰 무렵이면 본격적으로 봉납예능을 시작한다. 이 니시우레 덴가쿠는 다음날 해가 뜰 무렵까지 철야로 계속해서 이어진다.

마쓰리 연행 공간

봉납예능은 관음당 앞에 '가쿠토(樂堂)'라고 부르는 일시적인 가설무대를 설치하고 그 바로 앞마당에서 진행한다. 가쿠토는 예능이 진행되는 동안에 일부 노슈(能衆) 및 악기를 연주하는 악사들이 앉는 곳이다. 가쿠토는 1월 18일 오후에 노슈가 모여서, 미리 만들어서 분해하여 보관하던 틀을 함께 조립하여 설치한다. 그리고 연행이 끝나면 바로 해체하여 정해진 창고에 보관한다. 마쓰리 기간 동안 가쿠도는 일종의 성역으로 간주되므로 금줄을 쳐서 일반인이 들어갈 수 없도록 엄격하게 제한한다.

계단 오른쪽으로 관음당과 마쿠야(幕屋)가 이웃해 있는데, 관음당 안에는 마쓰리의 기원과 관련이 있는 교기 보살(行基菩薩) 전설에 등장하는 관음상이 안치되어 있다. 이 관음당 안쪽의 오른쪽 공간 한쪽에는 연희에 사용되는 가면이 모두 보관되어 있으며, 관음당 바로 옆에 마쿠야라는 곳이 따로 세워져 있다. 이 마쿠야는 노슈가 연희를 준비하고 대기하는 일종의 준비실이자 대기실이다.

1	**1** 관음당(왼쪽)과 마쿠야(幕屋)라는 준비실(오른쪽)
2	**2** 노슈들이 모여서 관음당 앞에 가쿠도(樂堂)를 설치

1 설치를 마친 가쿠도(樂堂)
2 불을 피운 이케지마다이(池島ダイ)

가쿠토의 왼쪽에는 요코다이(横ダイ)와 이케지마다이(池島ダイ)를 설치한다. 요코다이는 불을 피우기 위한 통나무를 쌓아 놓는 곳이다. 옆으로(横) 길게 쌓아놓기 때문에 붙여진 이름이다. 요코다이는 나카구미(中組)와 시모구미(下組) 조에 소속된 노슈가 쌓아올린다. 이케지마다이는 통나무를 수직으로 세워서 쌓는다. 이케지마다이의 설치는 가미구미(上組) 조가 담당한다. 〈지노(地能) 12번〉 중의 11번 종목인 〈후나와타시(船渡し)〉는 관음당에서 이 이케지마다이까지 줄을 연결하여 작은 배가 왕복한다. 이 때 배에 실은 횃불을 이용하여 이케지마다이에 점화를 하고 불을 피운다.

마당 아래쪽 중간에 있는 계단에는 오쓰시메(オオツシメ)라고 부르는 금줄을 쳐서 일반인의 출입을 제한하여 부정을 타지 않도록 단속한다. 이 날의 연행은 2월 27일(음력 1월 18일) 저녁 9시 무렵에 시작되었다. 계단 밑에서 전승자 집단인 노슈(能衆)들이 손에 횃불을 들고 올라오면서 본격적인 연행이 시작된다. 일본의 마쓰리에서 물과 불은 부정한 것을 정화하는 의례에서 절대적으로 필요하다. 실용적인 차원에서도 더러운 것은 물로 씻거나 불로 태워야하지만, 관념적으로도 물과 불은 부정한 것을 정화하는 이대 요소이다.

1 | 1 예능 공연장으로 올라가는 계단
2 | 2 노슈들이 금줄이 쳐진 계단 입구를 향해 횃불을 들고 오르면서 예능을 시작

마쓰리의 연행 종목

마쓰리의 예능 종목은 크게 나누어 〈지노(地能) 33번〉 종목, 〈하네노(はね能) 12번〉 종목, 그리고 하네노 다음에 공연하는 〈번외(番外)〉 종목으로 구성된다. 하네노 다음에는 '시즈메(しずめ)'라고 총칭하여 부르는 마무리 종목인 〈사자춤(獅子舞)〉, 〈시즈메(しずめ)〉, 〈히노오(火の王)〉, 〈미즈노오(水の王)〉가 순서대로 이어진다. 〈히노오〉와 〈미즈노오〉는 각각 탈의 이름으로, 그 탈을 정화하는 연행의식이다. 시즈메가 끝나면 노슈를 중심으로 지체 없이 예능 마당을 치우고 정리한다. 이는 대부분의 일본 마쓰리에서 공통적이다. 이 마쓰리는 많은 종목을 밤새도록 공연하기 때문에, 공연자는 물론이고 이를 지켜보는 관중들도 상당한 체력과 인내심이 필요하다.

[표 1]은 〈지노(地能) 33번〉 연행 종목의 순서 및 구성을 보기 쉽게 정리한 것이다. 기본적인 사항을 간추려서 언급하기로 한다. 〈지노 33번〉은 반드시 순서대로 연행한다. 그리고 〈지노 33번〉은 연행자가 대대로 정해져 있다. [표 1]의 4번, 6번, 8번은 이른바 '모토기(もとぎ)'라고 부르는 종목인데, 이는 앞서 연행한 예능 종목을 해학적으로 그대로 반복하는 것이다. 14번부터 22번까지는 다우치(田打ち, 논 쟁기질), 다네마키(種まき, 씨뿌리기), 도리오이(鳥追い, 새 쫓기) 등의 이름에서 알 수 있는 것처럼, 벼농사의 경작과정과 관련이 있는 종목이다.

[표 2]는 〈하네노(はね能) 12번〉 종목의 순서 및 구성을 정리한 것이다. 〈지노 33번〉과 〈하네노 12번〉의 관련성, 다른 지역의 예능 종목과의 영향관계, 종목 구성의 특징 등 주목할 점이 많다.

[표 1] 〈지노(地能) 33번〉의 순서 및 구성

순서	종목	내용	예능 담당자	비고
1번	니와 나라시 (庭ならし)	마당(무대) 닦기, 신년의 생산과 마당을 예축하는 노래	벳토(別當), 노슈(能衆) 전원 참가	니와 나라시 다음에 번외로 다이하이(タイハイ) 춤을 춘다
2번	미코마이 (御子舞)	관음보살에의 봉납, 무녀무(巫女舞)로 원래는 여성무(女性舞),	가미구미 노카시라(上組能頭), 벳토(別当), 나카구미 노카시라(中組能頭)	미코마이 다음에 번외로 다이하이(タイハイ) 춤을 춘다.
3번	지가타메 (地固め)	땅속의 악령을 퇴산, 긴 창을 들고 동작을 반복	가미구미 노카시라(上組能頭)	
4번	지가타메노 모도키 (地固めのもどき)	지가타메(地固め)의 반복	시모노와제치(下のわぜ地)	모도키(もどき)는 앞서 공연한 예능 종목을 해학적으로 그대로 반복하는 것을 의미한다.
5번	쓰루기 (つるぎ)	나카야시키치(中屋敷地,現別当) 혼자 동작을 반복	나카야시키치(中屋敷地, 現別当)	
6번	쓰루기노 모도키 (つるぎのもどき)	쓰루기(つるぎ)의 반복	나카야시키치(中屋敷地, 現下のわぜ地)	
7번	다카아시 (高足)	두 사람이 목봉의 발판 위에 올라타서 뛴다.	시네가이토(下皆外), 기헤이치(喜平地)	
8번	다카아시노 모도키 (高足のもどき)	다카아시(高足)의 반복	벳토(別当, 現上組能頭), 나카야시키치(中屋敷地, 現池田屋)	3번부터 8번까지 주술적 춤
9번	사루마이 (猿舞)	암수 한 쌍의 원숭이 가면을 쓰고 등장하여 대화를 주고받음	수컷 원숭이: 北島(現澤地), 암컷 원숭이: 中屋敷地(現北地)	'간논보(觀音坊)'라고 해서 하나노키라는 나무를 잘게 잘라서 등 뒤로 뿌린다. 화전(焼畑)과 관련
10번	호다비키 (ほだ引)	호다를 끄는 동작, 대사에 정관음과 약사여래 등장	가미구미 노카시라(上組能頭)와 2명의 노슈(能衆)	'호다'는 장작불을 의미

순서	종목	내용	예능 담당자	비고
11번	후나와타시 (船渡し)	줄에 매단 작은 배에 관음상, 장작불 등을 싣고 관음당과 이케지마다이(池島タイ) 사이를 왕복	벳토(別當), 노슈(能衆) 전원 참가	南無大慈大悲觀世音을 독송
12번	쓰루노마이 (鶴の舞)	이케지마다이를 향해서 춤을 춘다.	벳토(別當), 나카구미 노카시라(中組能頭), 사와치(澤地)	
13번	데타이도지 (出体童子)	4명이 함께 춤을 춘다.	벳토(別當), 가미구미 노카시라(上組能頭), 기헤이치(喜平地), 오군다이라(大栗平), 와제치(わぜ地)	9번부터 13번까지 이케지마다이(池島ダイ)와 관련한 춤
14번	무기쓰키 (麦つき)	북을 절구로 북채를 절굿공이로 삼아서 같이 치면서 외친다. 대사에 정관음, 약사여래 등이 등장	우멘타이라(梅平地)가 선도역할, 노슈(能衆) 전원 참가	
15번	다우치 (田打ち)	북을 논으로 북채를 쟁기에 비유하여 논을 가는 시늉, 대사에 정관음, 약사여래 등이 등장	노슈(能衆) 전원 참가	무기쓰키(麦つき)에서 바로 다우치로 들어간다.
16번	미나쿠치 (水口)	북 위에 네기(禰宜)가 앉아 있으면 산미(散米)를 훔치려는 도둑이 등장	와제치(わぜ地, 現島地), 우멘타이라(梅平地)	전에는 도둑이 산미(散米)를 흘리면 마을 사람들이 이를 주워서 집으로 가지고 갔다고 한다.
17번	다네마키 (種まき)	정관음, 아미타여래 등과 관련된 대사를 외치며 3회씩 콩을 뿌림	벳토(別當) 1명	
18번	요나조 (よなぞう)	소를 사러가는 요나조 역할과 주인나리 두 사람의 문답	시모구미 노카시라(下組能頭), 우멘타이라(梅平地), 기헤이치(喜平地)	
19번	도리오이 (鳥追い)	사사라(簓)를 든 4명이 벳토(別當)의 선창에 맞추어 원무	벳토(別當), 미나미(南地), 우멘타이라(梅平地), 시모구미 노카시라(下組能頭)	

순서	종목	내용	예능 담당자	비고
20번	도노마이(殿舞)	여러 가지 도구를 지니고 행렬, 문답 형식	노슈(能衆) 전원 참가	
21번	소토메(惣とめ)	전반부 하나자사라(花ざさら)와 후반부 혼코이쓰키(ほんこいつき)의 2부 구성	전반: 中組能頭, 中屋敷地(現上組能頭의 아들 能衆와 別當) 후반: 홋치(北地)	병행하여 넨넨보노 고한(ネンネン坊のご飯, 백미)를 관음 등에게 공양
22번	야마가소토메(山家惣とめ)	넨넨보시인형에 달린 남근(男根)을 관객(여자)들에게 들이대며 다닌다.	中屋敷地(現梅平地), 기헤이치(喜平地), 上組能頭	14번부터 22번까지가 벼농사 경작 과정, 예축기원
23번	다네오리(種おり)	양잠 기원, 정관음 등과 관련한 대사를 외침	벳토(別當), 와제치(わぜ地, 現島地)	
24번	구와토리(桑とり)	나뭇잎을 들고 나와 등 뒤로 뿌림	벳토(別當) 1명	
25번	이토히키(糸ひき)	정관음 등과 관련한 대사를 외친 후에 누에고치에서 실을 자아내는 동작을 연출	기헤이치(喜平地), 上組能頭, 나카야시키치(中屋敷地, 現梅平地)	23번부터 25번까지는 양잠과 관련
26번	모치쓰키(餅つき)	정관음 등과 관련한 대사를 외친 후에 스이칸(水干)을 떡, 북을 절구통으로 간주하여 떡치는 모습을 연출	기헤이치(喜平地), 別當, 우멘타이라(梅平地)	수확 축복
27번	기미노마이(君の舞)	부모(親) 역할과 자식(子) 역할을 하는 두 사람 사이의 문답	미나미(南地), 이케다야치(池田屋地), 모몬타(桃田地), 別當, 시네가이토(下皆外), 上組能頭의 아들 能衆	
28번	덴가쿠마이(田楽舞)	5명이 담당하는 세습무	시모노와제치(下のわぜ地), 기헤이치(喜平地), 別當, 우멘타이라(梅平地), 시네가이토(下皆外) 등	
29번	호토케노마이(仏の舞)	육관음의 행도(行道)	千手(喜平地), 勢至(上組能頭), 聖(別當), 馬頭(中組能頭), 子安(中屋敷地), せんじ(梅平地)	불교 슈쇼에(修正會)의 행도(行道)

순서	종목	내용	예능 담당자	비고
30번	지부노테(治部の手)	지부 가면을 쓰고 손에 방울과 부채를 들고 춤	시모구미 노카시라(下組能頭)	
31번	노타사마(のたさま)	노타사마 가면을 쓰고 춤, 지부노테와 같은 의상	시네가이토(下皆外)	
32번	오키나(翁)	오키나 가면을 쓰고 춤, 지부노테와 같은 의상	시모구미 노카시라(下組能頭)	
33번	산바소(三番叟)	산바소 가면을 쓰고 춤	모몬타(桃田地)	30번부터 33번까지 오키나 사루가쿠(翁猿樂)

1 〈지노(地能) 33번〉의 3번 지가타메(地固め)
2 〈지노(地能) 33번〉의 5번 쓰루기(つるぎ) 종목

1	**1** 〈지노(地能) 33번〉의 7번 다카아시(高足) 종목
2	**2** 〈지노(地能) 33번〉의 9번 사루마이(猿舞) 종목
3	**3** 〈지노(地能) 33번〉의 11번 후나와타시(船渡し) 종목

[표 2] 〈하네노(はね能) 12번〉의 순서 및 구성

순서	종목	내용	예능 담당자	비고
1번	다카사고 (高砂)	흰 머리와 흰 수염이 달린 가면을 쓰고 1명이 춘다. 다카사코(高さご)를 노래한다.	미정	
2번	신타이 (しんたい)	머리에 자자(ジャジャ)라고 부르는 담쟁이덩굴을 쓰고 신타이 가면을 쓴다. 1명이 춘다.	미정	초심자가 우선 배우는 춤이다.
3번	매화 (梅花)	머리에 자자(ジャジャ)라고 부르는 담쟁이덩굴을 쓰고 매화 가면(붉은 귀면)을 쓴다.	미정	
4번	관음의 법락 (観音の御法楽)	다무라(田村), 적귀면, 백귀면 3명이 춘다. 다무라는 흰색 신타이 가면을 쓴다. 관음의 법락(観音の御法楽)을 노래한다.	미정	
5번	야마우바 (山姥)	산신(山神) 2명이 춤을 춘다. 백귀면의 야마우바와 적귀면의 야마우바 등장	미정	5번부터 11번까지는 순서가 정해져 있지 않다.
6번	사오야마 (さおやま)	신타이 가면, 사오야마 남자 가면, 사오히메(さおひめ) 여자 가면을 쓴 3명이 춘다.	미정	
7번	구라마 (鞍馬)	신타이 가면을 쓴 우시와카(牛若)와 적귀면을 쓴 덴구(天狗) 2명이서 춘다.	미정	
8번	성성 (猩々)	신타이 가면을 쓰고 1명이 춘다.	미정	
9번	노노미야 (野々宮)	노노미야 가면을 쓴 떠돌이 승려 1명이 춘다. 노래 노노미야를 부른다.	미정	
10번	야시마 (八島)	담쟁이덩굴에 백귀면을 쓴 노토 수령(能登守)과 담쟁이덩굴에 적귀면을 쓴 요시쓰네(義經)가 목검을 들고 춤을 춘다. 단노우라 전투(壇の浦) 장면 연출	미정	
11번	우루마이 (閏舞)	사오야마에 네기(禰宜) 역할 1명이 더 가담하여 4명이 춘다.	미정	윤년에 한해서 춤을 춘다.
12번	벤케이 (弁慶)	신타이 가면을 쓴 우시와카(牛若)와 적귀면을 쓴 벤케이(弁慶) 2명이서 춘다.	미정	

〈하네노 12번〉은 1번부터 4번까지 그리고 12번의 경우는 순서가 정해져있지만, 5번부터 11번까지는 순서가 정해져있지 않다. 연행자의 경우도 〈지노 33번〉의 경우와는 다르게 별도로 정해져있지 않다. 다시 말하자면 〈지노 33번〉 쪽이 〈하네노 12번〉보다 연행 순서 및 연행자를 더욱 엄격하게 지키고 있다. 이 점을 고려한다면 니시우레 덴가쿠에서 〈지노 33번〉이 더욱 고전적이고 중요한 의미를 지니고 있다고 말할 수 있을 것이다.

관음신앙을 반영한 마쓰리

이제까지 선행연구에서 별로 다루지 않았지만, 내가 보기에 니시우레 덴가쿠의 핵심은 관음신앙에서 찾아야 할 것 같다. 우선 〈지노 33번〉의 예능 종목이 '33번'으로 구성된 것은 우연이 아닌듯하다. 즉 관음보살의 삼십삼응현신(三十三應現身)과의 관련성을 주목해야 한다. 주지하다시피 이는 관음보살이 33신(身)으로 현신하여 현세에서 중생을 구제한다는 불교신앙에서 유래한다. 일본도 다른 동아시아지역과 마찬가지로 관음보살이 대중적으로 널리 지지를 받고 신봉되었다. 특히 일본에서는 각 지역별로 관음보살로 유명한 33개소의 사찰을 순례하는 관음순례(觀音巡り)가 널리 보급되었다. 〈지노 33번〉의 예능 종목이 33지 종목으로 정착된 것도 관음신앙이라는 신앙적 맥락에서 이해해야 한다.

지금도 행해지고 있는 대표적인 관음순례로 가마쿠라(鎌倉) 지역 관음 영장 33개소를 순례하는 '가마쿠라삼십삼관음순례(鎌倉三

十三觀音巡り)', 간토(關東) 지역 관음 영장 33개소를 순례하는 '반도삼십삼관음순례(坂東三十三觀音巡り)', 간사이(關西) 지역 관음 영장 33개소를 중심으로 순례하는 '사이고쿠삼십삼관음순례(西国三十三觀音巡り)' 등이 있다. 나는 2017년에 혼자서 사이고쿠삼십삼관음순례를 하면서 일본 불교에서 얼마만큼 관음신앙이 대중적으로 확산되어 있는가를 현장에서 체험하였다. 그때의 체험을 바탕으로 논문을 발표하기도 하였다.[김용의, 「일본 사이고쿠 삼십삼소 순례의 현재적 의의와 기능」『일본문화연구』, 2020, 동아시아일본학회]

좀 더 구체적으로 이야기하자면 〈지노 33번〉 및 〈하네노 12번〉 예능 종목의 춤과 대사 곳곳에서 관음신앙과의 관련성을 발견할 수가 있다. 앞서 정리한 [표 1] 및 [표 2]를 살펴보면 곳곳에 관음보살이 등장한다. 먼저 〈지노 33번〉을 순서대로 살펴보기로 한다. 9번 〈사루마이(猿舞)〉의 '간논보(觀音坊)'는 이 9번이 관음신앙과 직결되어 있음을 확인할 수 있다. 10번 〈호다비키(ほだ引)〉에서 가미구미(上組) 조의 책임자인 노카시라(能頭)가 읊는 대사에 관음보살이 등장한다. 예를 들면 14번 〈무기쓰키(麦つき)〉에서 우멘타이라(梅平地)의 노슈가 닥나무 다발을 들고서 읊는 대사에 정관음(正觀音)이 등장한다. 21번 〈소토메(惣とめ)〉에서는 〈넨넨보노고한(ネンネン坊のご飯)〉이라 부르는 백미(白米)를 관음보살에게 공양한다. 14번 〈무기쓰키(麦つき)〉, 15번 〈다우치(田打ち)〉, 17번 〈다네마키(種まき)〉, 23번 〈다네오리(種おり)〉, 25번 〈이토히키(糸ひき)〉, 26번 〈모치쓰키(餅つき)〉 등의 대사에도 관음보살이 등장한다.

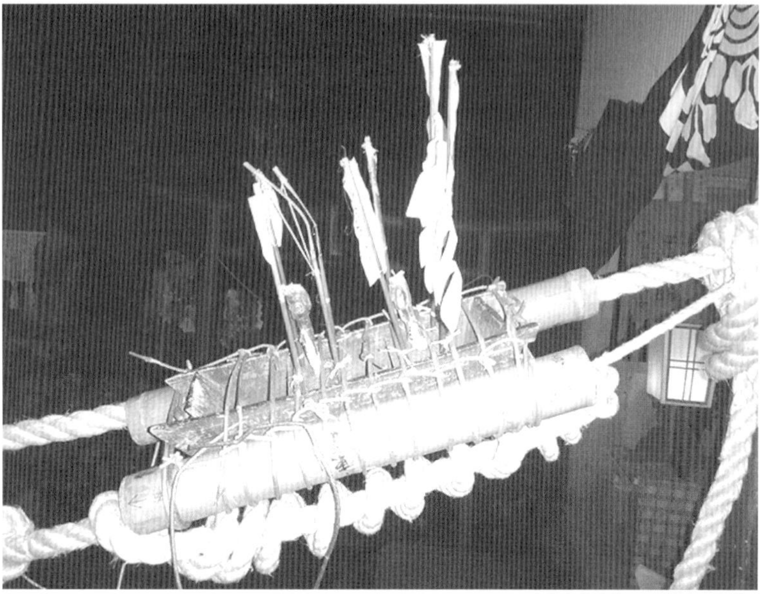

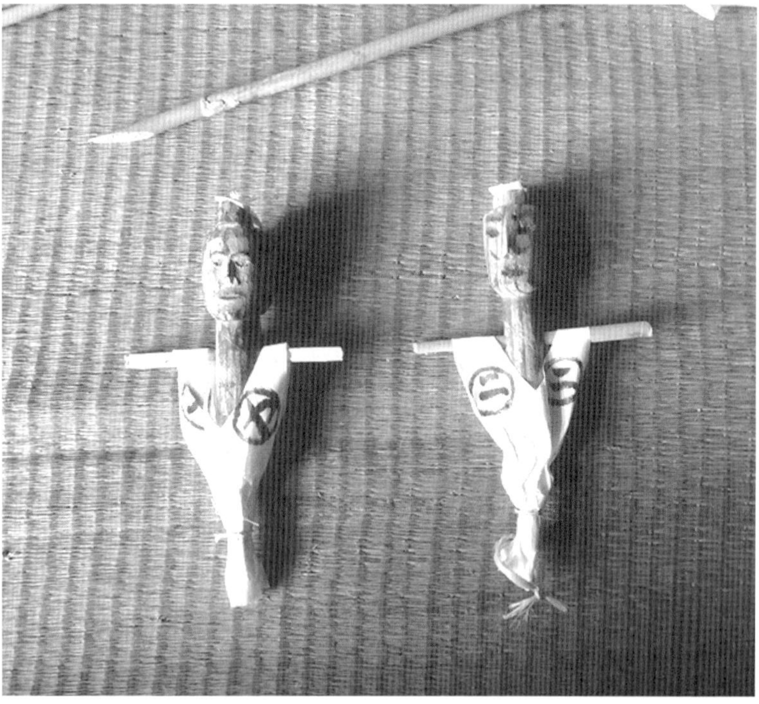

1
2

1 〈지노(地能) 33번〉 중에서 11번 〈후나와타시(船渡し)〉 종목에 등장하는 배

2 배 안에 함께 싣는 관음상과 선장 인형

〈지노 33번〉 중에서 관음신앙과 가장 관련이 있는 예능 종목은 11번 〈후나와타시(船渡し)〉와 29번 〈호토케노마이(仏の舞)〉이다. 〈후나와타시〉는 노슈가 전원 참가하여 관음당에서 이케지마다이까지 줄을 연결하여 작은 배를 왕복시킨다. 내가 보기에, 〈후나와타시〉는 전체 〈지노 33번〉 및 〈하네노 12번〉 중에서 가장 관음신앙이 반영된 종목이다. 특히 관객들에게 특별한 볼거리를 제공하는 예능 종목이다. 〈후나와타시〉에 사용하는 배는 좌우에 대나무 통을 붙여 줄로 묶어서 고정한다. 배 안에는 관음상 및 선장에 해당하는 인형을 각각 하나씩 태운다. 그밖에도 '聖觀世音菩薩'이라고 쓰인 깃발 2개, 활 2개, 화살 2개 등을 싣는다. 이 배 안에 관음당의 촛불을 점화한 횃불을 같이 묶어둔다. 배가 관음당에서 이케지마다이까지 연결된 밧줄을 통해 이케지마다이 가까이 도착하면, 이곳에서 대기하고 있던 사람이 배에 묶인 횃불을 사용하여 이케지마다이에 점화한다. 〈후나와타시〉가 굉장히 입체적이고 연희적인 성격이 강한 종목이라는 것을 알 수 있다.

그런데 〈후나와타시〉는 주로 일본 중세에 성행했던 '보타락도해(補陀落渡海)'라는 관음신앙과 관련이 있는 것으로 보인다.[일본의 '보타락도해(補陀落渡海)'에 관해서는 가와무라 미나토(川村湊)의 『보타락 관음신앙 여행(補陀落 觀音信仰への旅)』(作品社, 2003)을 참조] '보타락도해'는 배를 타고 바다로 나가서 관음보살이 살고 있다고 전해지는 인도의 보타락가산(補陀落伽山)을 향하는 항해를 의미한다. 말이 '항해'이지 실은 일종의 '자살행위'나 다름없다. 항해하는 배 밑바닥에 미리 구멍을 뚫어놓는 경우가 있기 때문이다. 이노

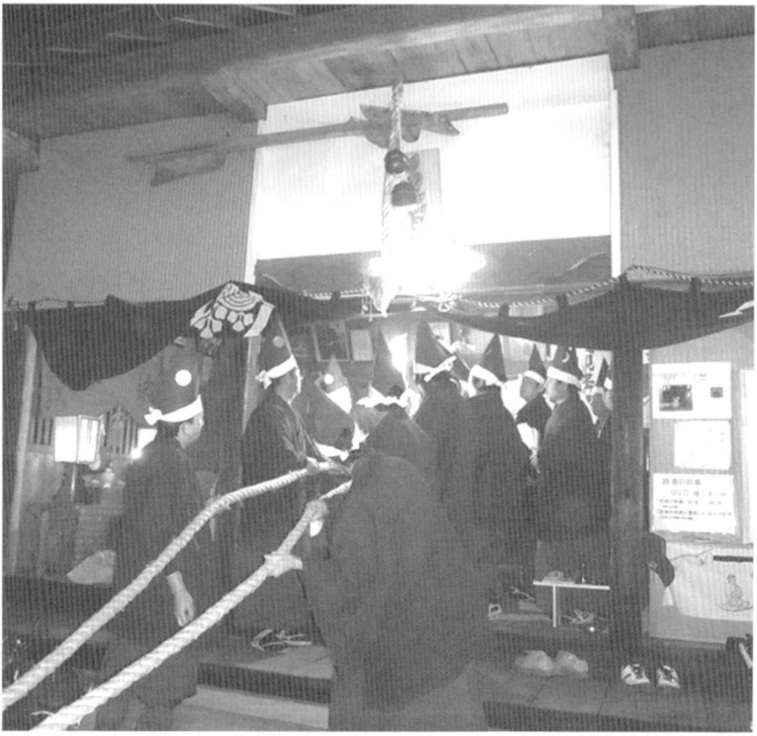

1	**1** 노슈들이 〈후나와타시(船渡し)〉 배를 보내기 위해서 준비
2	**2** 〈후나와타시(船渡し)〉의 배가 줄을 타고 이케지마다이에 도착

우에 야스시(井上靖)의 『보타락도해기(補陀落渡海記)』를 읽어보면 이 점을 잘 알 수 있다. 이 소설에는 '보타락도해'에 내몰린 승려의 솔직하고 인간적인 측면이 잘 드러나 있다.[井上靖, 『補陀落渡海記 井上靖短篇名作集』, 2000, 講談社文藝文庫]

지노 11번 종목 <후나와타시>의 내용 및 구성을 보면 '보타락도해'와의 관련이 있음이 분명하다. 즉 관음당에서 출발한 배가 도착하는 이케지마다이라는 공간은 보타락가 혹은 이에 비견되는 세계로 상정되었을 가능성이 농후하다. 이 점은 <후나와타시> 종목을 비롯하여 니시우레 덴가쿠 전체가 관음신앙을 반영하고 있다는 결정적인 대목이다.

마쓰리 주도집단의 변화

니시우레 덴가쿠는 적어도 근대 이전까지는 현지에 거주하는 지역민들 사이의 민속신앙에 기반을 두고 현지 전승자들을 중심으로 전승되었다. 그런데 민속연구자들을 중심으로 이 마쓰리의 전통 민속문화로서의 가치가 평가되고, 그 존재가 외부세계에 알려지자, 그 연희 현장에 다양한 외부 사람들이 모여들어 관여하게 되었다. 이는 일본에서 대부분의 마쓰리가 그러하다. 아니 한국의 경우도 사정이 비슷하다고 보아야 할 것이다. 특히 문화재보호법에 따른 문화재 지정을 전후하여 빈번히 목격하게 되는 현상이다. 문화재 지정 이전까지는 주로 마쓰리 진행과는 무관한 위치에 머물렀던 외부 사람들이 어느 사이엔가 '관계자'가 되어 주도집단의 일원으로 영향력을 행사하게 된다. 그 중에는 마쓰리의 전승에 결정적인 변화를 초래하는 사람도 등장한다. 긍정적으로 해석하자면 마쓰리 주도집단이 다양해졌다. 니시우레 덴가쿠의 경우에도 외부에 알려지는 과정에서 주도집단이 다양화하고 그 외연이 확대되며 오늘날에 이르렀다. 당연히 그 주도집단의 다양화 및 외연 확대로 인해서 마쓰리의 역사적 의미 및 전승 양상에도 큰 변화가 발생하였다.

결정적인 변화 중의 한 사례로 먼저 민속예능의 명칭 변화를 지적할 수 있겠다. 예를 들면 오늘날 일반적으로 널리 통용되는 '니시우레 덴가쿠(西浦田樂)'라는 이름 자체가 외부인들의 개입에 따른 산물이다. 원래 지역 주민들 사이에서는 관음신앙에 기반을 둔 '관음제(觀音祭り)'라는 이름이 사용되었다고 한다. 그러다가 외부인들의 개입에 의해 어느 틈엔가 '니시우레 덴가쿠(西浦田樂)'라는 이름으로 바뀌어 정착하게 되었다.

물론 이 같은 현상은 일본민속에만 한정되지는 않는다. 한국의 민속현장에서도 흔히 목격할 수 있는 현상이기도 하다. 예를 들면 전라북도 위도의 대리 지역에 전승되는 중요민속문화재 제82-다호 '위도 띠뱃놀이'는 일본의 니시우레 덴가쿠가 거쳐온 과정과 매우 유사한 변화 과정을 경험하였다. '위도 띠뱃놀이'는 원래 대리 지역의 '원당제(願堂祭)'라는 마을굿에서 진행하는 일련의 제의과정 중의 하나에 불과하였다. 그런데 이 원당제가 외부에 널리 알려지고 중요민속문화재로까지 지정되는 과정, 즉 주도집단이 다양화되는 과정에서 '원당제'보다는 그 제의과정의 하나인 '위도 띠뱃놀이'가 외부로 널리 알려지고 주목받기에 이르렀다. 이는 원당제라는 제의보다는 보기 좋게 꾸민 배를 바다에

1
2

1 원당제를 지내러 가는 마을사람들
2 제물이 차려진 사당 내부

1	**1** 위도 '띠뱃놀이'에 사용하는 띠배
2	**2** 위도 '띠뱃놀이'의 띠배와 이를 끌고 가는 배

띄워 보내는 '띠뱃놀이' 쪽이 시각적으로 사람들의 흥미를 유발할 수 있기 때문일 것이다. 매스컴의 영향도 가세하여 현재는 '원당제'라는 이름보다는 '위도 띠뱃놀이'라는 이름이 일반적으로 널리 사용되고 있다.

민속의 변화에 결정적인 영향을 미치는 주도집단에 대한 연구는 전승지역 및 분야를 막론하고 민속연구에서 중요한 의미를 지닌다. 제5장에서는 니시우레 덴가쿠의 전승과 관련된 주도집단의 변화 양상에 초점을 맞추어 고찰하기로 한다. 편의상 주도집단을 제1차, 제2차, 제3차 주도집단으로 나누어서 살펴보기로 한다. 제1차 주도집단은 니시우레 덴가쿠라는 민속예능의 연행에 직접 관여하는 전승자 및 지근거리의 보조자 등을 의미한다. 제2차 주도집단은 전승지역의 지역민, 민속예능의 전승과 보존에 직접 관련이 있는 지역조직을 의미한다. 지역조직으로는 자치회, 전승보존회, 지역의 행정조직 등이 이에 해당한다. 제3차 주도집단은 주로 외부 사람들이다. 민속연구자, 문화정책 및 문화재정책 담당자, 관객 등이 이에 해당한다.

마쓰리의 제1차 주도집단 노슈

니시우레 덴가쿠의 제1차 주도집단으로는 벳토(別當), 노슈(能衆), 구몬슈(公文衆)가 있다. 이들은 대대로 니시우레 덴가쿠의 전승 및 연행 과정에 직접 참여하는 전승집단으로 각각 그 역할이 정해져 있다.

벳토는 니시우레 덴가쿠를 총괄하는 핵심 역할을 맡는다. 2013

년 당시 T씨가 벳토를 맡고 있었는데 직업은 회사원으로 니시우레에 거주하고 있지는 않았다. 총괄하는 벳토와 별개로 관음당과 마쿠야에는 각각 이를 관리하는 벳토가 정해져 있다. 벳토는 세습을 원칙으로 하며 반드시 장남이 이를 이어받는다. 벳토는 제의를 총괄할 뿐만이 아니라, <지노 33번> 예능 종목 및 <하네노 12번> 예능 종목의 주요 장면에 출연하여 춤을 춘다. 그리고

1 가쿠도에 좌정한 노슈(能衆)
2 마쿠야 준비실에서 연행을 준비하는 노슈(能衆)

하네노가 끝난 후에 거행되는 <시즈메(しずめ)>라는 일련의 마무리 제의를 집행한다. 시즈메는 관음당으로 맞아들인 여러 신들을 원래 있던 곳으로 돌려보내는 제의이다. 즉 마쓰리의 가장 마지막 과정이다.

노슈(能衆)는 벳토와 함께 니시우레 덴가쿠라는 마쓰리를 전승하는 가장 중요한 제1차 주도집단이다. 이 노슈는 마쓰리의 운영에 관여하고 직접 예능을 담당한다. 노슈는 벳토의 경우와 마찬가지로 세습이 원칙이다. 노슈는 가미구미(上組), 나카구미(中組), 시모구미(下組)라는 세 조로 구성되며, 각각의 조에는 대표자인 구미카시라(組頭)가 1명씩 존재한다. 또한 각각의 조에는 '야고(屋号)'에 따라서 노슈가 소속되어 있다. 야고란 개인이 아닌, 개인이 속한 특정한 집을 통틀어서 부를 때에 사용하는 칭호이다. 이 야고별로 <지노 33번>의 예능 종목 및 역할을 어떤 야고에서 담당할 것인지가 미리 정해져 있다. 즉 개인이 어떤 예능 종목을 담당하는 것이 아니라 야고에 의해 세습한다.

일찍이 1960년경에는 야고가 24곳 존재하였다. 그런데 2011년 현재 13곳의 야고만이 남아있다.[遠州常民文化談話會編(2012), 『水窪の民俗』, 遠州常民文化談話會] 야고의 감소는 일본의 고도성장기 이래 농촌사회에 벌어진 이농현상과 관련이 깊다. 야고 즉 노슈의 감소에 수반하여 당연히 니시우레 덴가쿠의 전승과정에도 변화가 일어났다. 원래 니시우레 덴가쿠는 야고에 의한 세습제인 만큼 엄격한 세습 규칙이 적용되었다. 예를 들면 예능 담당자인 노슈가 니시우레 현지에 거주하고 있을 것, 장남에 의한 노슈의 세습, 한 집에서 1명 참가 등의 규칙이 적용되었다.

니시우레 덴가쿠의 세습 원칙은 이 예능이 오랜 기간 동안 전승되면서도, 그 '원형'을 잃지 않고 이어지는 동력으로 작용하기도 하였다. 그렇지만 노슈의 수가 감소하자, 더 이상 이 원칙을 고집할 수 없게 되었다. 따라서 노슈 중에는 니시우레에 거주하지 않으면서 제의 기간에만 돌아와서 참가하는 사람이 늘어났다. 일련의 제의 총괄자인 벳토의 경우에도 현재 니시우레에 거주하지 않는 경우가 있다. 또한 원래는 담당이 아니었던 예능 종목을 대신해서 맡는 경우도 발생하였다. 그리고 전승과정에서 세대교체가 원활하지 않게 되자, 부자가 함께 참가하여 연희를 하는 경우도 생겨났다. 예를 들면 2013년의 경우에는 보존회장을 맡고 있는 M씨와 그 아들이 함께 참가하였다.

내가 보기에 니시우레 덴가쿠를 전승하는 노슈 집단은 폐쇄적인 측면이 강하다. 노슈들은 야고에 따라서 정해진 예능 종목을 독립적으로 전승하고, 다른 야고에서 담당하는 예능 종목에 관여하지 않는 것이 관례이다. 심지어는 특정한 야고에서 담당하는 예능 종목을 연습할 때, '훔쳐갈 것을 염려하여' 타인 앞에서는 연습하지 않았다고 할 정도이다.

니시우레 덴가쿠의 전승집단 중에는 노슈와는 다른 역할을 맡은 구몬슈(クモンシュウ)가 있다. 이 구몬슈는 직접 연행에 가담하지는 않는다. 일종의 진행보조자 역할을 맡는다. 이 구몬슈도 야고에 따라서 정해져 있다. 구몬슈는 4명이 있다. 모몬타(桃田地), 오모테(表地, 현재 부재중), 나카바사와(中場澤地, 현재 부재중), 미나미(南地) 등이다. 구몬슈가 담당하는 대표적인 역할은 술을 담그고 관리하는 일이다. 모몬타는 제례에 사용되는 술과 관련

된 일을 맡아서 한다. 오모테는 신주(神酒)를 바칠 때에 구몬슈를 대표해서 진행하는 역할을 맡는다. 나카바사와는 성화(聖火)의 관리를 담당한다. 미나미는 주조할 때에 부싯돌로 불을 붙이고 술을 담아내는 일을 맡는다.

마쓰리의 제2차 주도집단

제2차 주도집단에 속하는 조직으로는 이 지역의 자치회와 보존회가 있다. 자치회 및 이에 속하는 현지 주민들은 일련의 제의 및 연행 과정에 직접 참가하지 않는다. 즉 뒤에서 소극적으로 도와주는 역할에 그치고 전면에 나서서 활동하지 않는다. 예를 들면 자치회에 속한 주민들은 요코다이와 이케지마다이, 그리고 횃불을 피우는데 사용하는 장작을 기부하는 정도의 소극적인 역할에 그친다. 심지어는 연행 현장에 오지 않는 사람들도 많다. 2013년의 경우, 음력 1월 18일 밤의 연행 현장에 약 200여명의 사람들이 몰려들었으나 그 대부분이 민속연구자, 사진작가, 외부에서 구경을 온 사람들로 채워졌다. 지역 주민들은 별로 눈에 띄지 않았다. 일본의 다른 지역에서 행하는 대부분의 마쓰리는 지역 주민들로 구성된 자치회가 어떤 방식으로든 주체적으로 개입하며 진행된다는 점을 감안한다면 매우 이례적인 경우라고 볼 수 있다.

니시우레 덴가쿠 내부에서 그 원인을 찾아보자면 두 가지 관점에서 해석이 가능할 것 같다. 첫째 니시우레 덴가쿠가 철저하게 노슈를 중심으로 진행되고 그 역할이 대대로 세습된다는 점과 관련이 있다. 다시 말하자면 니시우레 덴가쿠는 노슈 중심으로 독점적으로 운영되기 때문에 지역 주민들 중심의 자치회가 개입할 여지가 거의 없는 셈이다. 둘째 니시우레 덴가쿠가 외부에 널리 알려지는 과정에서, '관음제(觀音祭)'라고 하는 본래의 신앙적 기능이 약화되었기 때문으로 여겨진다. 즉 관음신앙을 근간으로 하여 시작된 일련의 관음제 제의 중에서 무대예능이 중심이 된 '니시우레 덴가쿠'만이 주목을 받게 되어, 그 과정에서 자연스럽게 지역 주민들로부터 멀어지는 결과를 초래한 것으로 보인다.

보존회는 1976년 니시우레 덴가쿠가 국가중요무형민속문화재(国の重要無形民俗文化財)로 지정되는 것을 계기로 결성되었다. 혹은 민속문화재로 지정받기 위해서 보존회를 결성했다고 말하는 것이 더욱 정확한 표현일 수 있겠다. 보존회가 존재하기는 하지만, 그 역할 및 임무는 활발하지 않은 듯하다. 예를 들면 예능 종목을 연습할 때에도 보존회 차원이 아니라 정해진 야고에 따라서 별도로 연습한다고 한다. 이 점도 상당히 이례적이다. 이는 앞서 언급한대로, <지노 33번>의 경우에 야고에 속한 노슈가 정해진 예능 종목을 독립적으로 세습한다는 점과 관련이 있다. 노슈는 각자 맡은 역할에 충실할 뿐 서로 간섭하지 않는 것이 원칙이다. 반면에 <하네노 12번>은 함께 모여서 연습한다.

마쓰리의 제3차 주도집단

제3차 주도집단으로는 민속예능 관련 민속연구자, 문화재 지정을 담당하는 문화재정책 담당자, 사진작가, 일반 관객 등을 들 수 있겠다. 이들의 공통점은 모두 '외부자'라는 점이다. 그럼에도 이들 '외부자'는 니시우레 덴가쿠의 변천과정을 고찰하는데 있어서 중요한 의미를 지닌다. 이들 외부자들의 참여 내지는 관여로 니시우레 덴가쿠의 많은 부분이 변화하였기 때문이다. 특히 민속연구자가 그 변화의 많은 부분을 주도하였다.

니시우레 덴가쿠를 처음 외부 세계에 소개한 민속연구자는 민속예능 연구자 하야카와 고타로(早川孝太郎)이다. 그는 이 지역의 '간논마쓰리(觀音祭り)'를 1930년에 그가 간행한『하나 마쓰리(花祭)』후편에 '니시우레 덴가쿠(西浦田樂)'라는 이름으로 처음 소개하였다.[宮本常一·宮田登編,『早川孝太郎全集』第二卷, 1972, 未來社] 이는 '니시우레 덴가쿠'라는 이름이 공식적으로 처음 사용된 경우일 것이다. 비슷한 시기에 당시의 저명한 민속학자 오리쿠치 시노부(折口信夫)가 하야카와 고타로의 소개로 니시우레 덴가쿠를 견학하고 크게 관심을 가졌다. 그는「오키나의 발생(翁の發生)」(1928)을 비롯한 자신의 논문 곳곳에서 니시우레 덴가쿠에 관해서 언급하였다.[折口博士記念古代研究所編,「翁の發生」『折口信夫全集』第二卷, 1965, 中央公論社] 그뿐만 아니라 지역의 예능공연단을 도쿄로 초청하여 공연을 갖기도 하였다.

최근에도 음력 정월 관음 인연일(緣日)에 엔슈(遠州) 오쿠야마촌(奥山村)[지금은 미사쿠보정(水窪町)]의 니시우레 쇼노(所能)에서 열

리는 덴가쿠마쓰리(田樂祭り)를 견학했습니다. 우선 근년에 내가 보고 들은 덴가쿠 중에서는, 단편화되었지만 예능 종목이 덴가쿠로서 가장 완전하게 고풍을 갖추어 전승되고 있다는 것을 알았습니다. 특히 니시우레 덴가쿠(西浦田樂)가 암시하는 점이 풍부한 것은 다른 지역의 덴가쿠(田樂), 하나마쓰리(花祭り), 가구라(神樂)보다도 가장 모도키(もどき)가 풍부한 점이었습니다.

여기서 내가 제시한 제1차, 제2차, 제3차 주도집단의 기준에 의해 니시우레 덴가쿠 주도집단의 변화 양상을 정리해 보기로 한다. 우선 일본 농촌사회의 과소화 및 이농현상으로 인해, 제1차 주도집단에 속하는 노슈의 세습 원칙이 지켜지지 않는 등의 변화가 있었다. 또한 벳토, 노슈, 그리고 구몬슈를 중심으로 하는 제1차 주도집단에, 1976년 국가중요무형민속문화재 지정을 계기로 니시우레 덴가쿠 보존회라는 제2차 주도집단이 결성되었다. 그리고 이와 병행하여 하야카와 고타로나 오리구치 시노부와 같은 민속연구자, 사진작가, 일반 관객 등이 제3차 주도집단으로 가담하게 되었다.

제3차 주도집단, 그 중에서도 민속연구자의 출현에 의해서 니시우레 덴가쿠의 전승과정에 많은 변화가 발생하였다. 민속연구자 하야카와 고타로(早川孝太郞)의 출현으로 인해, 원래 지역 주민들 사이에서 '관음제(觀音祭り)'라는 이름으로 인식되던 민속예능이 '니시우레 덴가쿠(西浦田樂)'라는 이름으로 정착하게 되었다. 특히 오리구치 시노부의 경우는 니시우레 덴가쿠의 전승에 많은 변모를 초래하였다. 이 과정에서 당초의 일련의 제의에서 핵심이었던 신앙적 의미는 어느 틈에 퇴색하고, 오로지 '니시우레 덴가쿠'라는 민속예능만이 각광을 받기에 이른다. 즉 음력 12월 31일 관음당 옆의 사당에 모셔진 오쿠인 진수(奧院鎭守) 신을 공양하는 데서 시작되는 일련의 신앙적 요소가 쇠퇴하고, 그 제의 과정 중의 하나인 '니시우레 덴가쿠'라는 민속예능만이 대대적으로 주목받기에 이른 것이다.

마쓰리 현지조사 후일담

마쓰리 조사 기간에 일본의 종교민속학자 미야케 히토시(宮家準) 교수로부터 저녁 초대를 받았다. 고맙게도 현지조사 관계로 나와 연락을 주고받았던 요시카와 유코씨도 함께 초대해 주셨다. 하마마쓰 시 출신인 미야케 교수의 부인께서 아직 이곳에 있는 옛집을 관리하고 있는데, 마침 우리 일행이 하마마쓰에 온다는 소식을 듣고 초대해 주신 것이다.

미야케 교수는 종교민속학 분야의 권위자이다. 특히 '슈겐도(修驗道)'라고 부르는 일본의 민속종교 분야에서 많은 학문적 업적을 쌓았다. 슈겐도란 전통적인 산악신앙에 밀교 계통의 불교가 융합하고 여기에 도교와 음양도(陰陽道)가 가미된 독특한 민속종교이다. 그는 지금까지 수많은 저서를 저술하였는데, 그 중에서 『宗敎民俗學』(1989)은 지금도 일본의 민속종교를 연구하는 연구자들 사이에서 많이 읽히고 있다. 이 책은 한국에서 여러 연구자들이 관심을 갖고 번역을 시도하였으나, 우여곡절 끝에 나와 나의 제자들이 공동작업을 하여 번역하게 되었다. 미야케 교수와는 그런 인연이 있어서 저녁 초대를 받았던 것이다.

저녁 메뉴는 와규(和牛)를 구운 스키야기(すき焼き)와 장어요리였다. 물론 장어는 하마마쓰 호에서 잡은 것이다. 대개 공동으로 현지조사를 할 때의 저녁 술자리에서는 각자 조사하면서 보았던 것, 특이한 점, 실수담 등을 주고받기 마련이다. 그날 화제는 단연코 C라는 대학원생에 관한 이야기였다. C는 철야로 진행하는 마쓰리 중간에, 몸이 불편하다며 연행 장소 아래에 마련된 휴게실로 쉬러 들어갔었다.

아침에 동틀 무렵이 되자 마쓰리는 거의 마무리 단계에 접어들었다. 마지막으로 벳토가 가면을 쓰고, 계단을 사이에 둔 건너편 산을 향해서 신에게 마지막 기원을 한다. 이는 마쓰리에서 가장 엄숙한 순간으로 아무도 가까이 접근해서는 안 된다. 그런데 쉬러 갔던 C가 계단 밑에서 천천히 올라오고 있는 것이 아닌가. 놀라고 당황한 우리 일행이 오지 말라는 손짓을 계속 보냈다. 그렇지만 그는 알아차리지 못하고 여전히 계단을 오르고 있다. 다행히 일행 중의 한 명이 옆으로 돌아 내려가 그를 말릴 수가 있었다. 저녁 식사 자리에서 모두가 '진짜 여신이 출현할 뻔 했다'라고 웃으면서 화제로 삼았다. 지금 생각해도 정말 아찔한 순간이었다.

제6장

니가타 현 나가오카의 호다레 마쓰리

호다레 마쓰리를 보러 가다

2018년 2월 교토에 있는 국제일본문화연구센터에서 그 동안 모았던 자료 정리와 보고서 작성으로 바쁘게 보내고 있을 때이다. 2017년 3월에 시작한 전남대학교 연구년으로 이곳으로 파견을 온 마지막 달이다. 국제일본문화연구센터의 야스이 마나미(安井眞奈美) 교수로부터 재미있는 마쓰리를 보러가지 않겠냐는 제안을 받았다. 니가타 현(新潟縣) 나가오카 시(長岡市) 시모라이덴(下來傳) 지구에서 열리는 '호다레 마쓰리(ほだれ祭)'이다. 야스이 교수는 오사카대학 대학원의 동문으로, 젊어서부터 내가 좋은 영향을 받고 있는 친구이다. 같은 오사카 대학의 대학원 후배인 마루야마 야스아키(丸山泰明) 교수가 야스이 교수에게 나가오카에 요즈음 보기 드문 마쓰리가 있다고, 함께 보러가자고 권했다고 한다. 마루야마 교수는 나가오카 출신으로 덴리대학(天理大學)에서 민속학 강좌를 담당하고 있다가 현재는 가나가와(神奈川) 대학에

근무하고 있다. 마쓰리는 매년 3월 둘째 일요일에 열린다고 한다. 때 마침 나는 나가오카에 갈 계획을 세우던 참이라서 즉석에서 가자고 답하였다.

내가 나가오카에 갈 계획을 세웠던 것은 오래전부터 민속학자 무라야마 지준(村山智順)이라는 인물의 행적에 관심을 가졌기 때문이다. 무라야마는 한국에서 민속학을 공부하는 사람이라면 누구나 알고 있을 터이다. 일제강점기 조선총독부 촉탁으로 한국으로 건너와 오랜 세월 광범위하게 한국의 민속을 조사했던 민속학자이다.

그는 한국의 민간신앙에 관한 3부작으로 알려진 『조선의 귀신(朝鮮の鬼神)』(1929), 『조선의 풍수(朝鮮の風水)』(1931), 『조선의 무격(朝鮮の巫覡)』(1932)을 비롯하여 『조선의 복장(朝鮮の服装)』(1927), 『조선의 점복과 예언(朝鮮の占卜と予言)』(1933), 『조선의 유사종교(朝鮮の類似宗教)』(1935), 『조선의 향토오락(朝鮮の郷土娯楽)』(1941) 등을 저술하였다. 이들 저서는 대부분 한국어로 번역되었으며 지금도 연구자들 사이에서 자주 인용되곤 한다. 나는 호다레 마쓰리에 관한 흥미뿐만이 아니라 무라야마 지준에 관한 관심으로, 야스이 교수의 권유를 받자마자 3월의 나가오카 행을 결심하였다. 개강에 맞추어 3월에 한국으로 귀국하자마자 다시 일본으로 향했다.

술의 고장 니가타 현

광주에서 나가오카까지 가는 여정이 만만치 않다. 우선 새벽에 광주를 출발하여 인천공항에 도착한 후에, 인천공항에서 도쿄 나리타 공항까지 날아가 도쿄 시내로 나가서 다시 신칸센으로 갈아탔다. 나가오카 역에 도착하니 벌써 어두워지기 시작한다. 3월인데도 간간이 눈발이 날리고 역 주변 여기저기에 잔설이 쌓여있다. 나가오카가 북쪽에 위치한 지방이라는 점을 실감할 수 있다.

신칸센에서 내려 역사에 들어서니 가장 먼저 특산품 가게에서 '고추새우전병(南蠻えび煎餅)'을 파는 진열대가 눈에 띈다. 일본어 '난반(南蠻)'은 필리핀의 루손 섬이나 인도네시아의 자바 섬 등 주로 동남아시아 일대를 가리키는 말이다. 여기서는 '난반가라시' 고추의 준말이다. '난반에비센베이(南蠻えび煎餅)'는 우리말로 '고추새우전병' 정도로 번역할 수 있겠다. 이 지역에서 잡아 올리는 새우(えび)의 붉은 색깔과 모양이 마치 난반(붉은 고추) 같다

토산품 가게의 '고추새우전병(南蠻えび煎餅)' 진열대

'나가오카 명품의 집(長岡銘品の館)'에 진열된 지역 명주

고 해서 붙여진 이름이다. 진열대에는 고추새우전병 '440만 상자 돌파'라는 선전 문구가 적혀 있다.

특산품 가게 바로 옆에 '나가오카 명품의 집(長岡銘品の館)'이라는 가게가 있다. 가게 안팎 진열대에 지역에서 생산하는 술들이 즐비하게 진열되어 있다. 질서정연하게 진열된 술병들은 그 자체로 볼거리를 제공한다. 니가타 현은 일본에서 전국적으로 쌀과 물이 좋기로 유명한 고장이다. 니가타에서 생산하는 '고시히카리'나 '히토메보레'는 한국인에게도 익숙한 브랜드 쌀이다. '히토메보레'의 경우는 한국에서 '한눈에 반한 쌀'이란 브랜드로 알려졌다. 쌀과 물이 좋으니 당연히 좋은 술이 생산될 수밖에 없다. 가게에 들어서니 한국에서도 제법 비싼 일식집에서나 볼 수 있는 구보타(久保田)를 비롯하여, 가모니시키(加茂錦), 얀마(山間), 다카치요(高千代)와 같은, 각 지역의 브랜드 명주가 빠짐없이 진열되어 있다.

무라야마 지준의 발자취를 찾아서

무라야마 지준은 한국에서 일시적으로 잘못 알려지기도 하였다. 조선총독부 촉탁 신분이었는데 경찰로 잘못 인식되었다. 이는 무라야마와 같은 시기에 한국에서 경찰 간부로 활동을 하였던 이마무라 도모(今村鞆)와 혼동한 결과이다. 이마무라도 한국의 전통적인 풍속에 관심을 갖고 『조선풍속집(朝鮮風俗集)』을 비롯한 여러 저서를 저술하였다.

무라야마의 행적에 관해서는 일찍이 현재 리쓰메이칸(立命館) 대학에 근무하는 아사쿠라 도시오(朝倉敏夫) 교수가 면밀한 조사 끝에 새로운 사실을 밝혀내기도 했다.[朝倉敏夫, 「村山智順氏の謎」 『民博通信』 79, 1997, 國立民族學博物館] 그 후에 게이오(慶應) 대학의 노무라 신이치(野村伸一) 교수가 그 동안 공개되지 않았던 무라야마가 찍은 사진 자료 215매를 정리하여 공개하며 새로운 사실을 추가하였다.[野村伸一, 『自然と文化』 66, 2001, 日本ナショナルトラスト] 이 사진들은 한국에서 고운기 교수가 『한국, 1930년대의 눈동자 -무라야마가 본 조선민속』(2003)이라는 제목으로 번역하고 역주를 달아서 소개하였다. 그런데 번역본을 읽어보니 여기저기 오역이 눈에 띤다. 저자 노무라 교수의 학문적 성과가 제대로 전달되지 않은 것 같은 느낌이 들어서 아쉬움이 남는다.

아사쿠라 선생님은 1970년대 말에 전남대에서 강의를 한 적이 있다. 나는 아사쿠라 선생님에게 직접 배우지는 않았지만, 이를 인연으로 일본 유학시절부터 지금에 이르기까지 많은 도움을 받고 있다. 노무라 선생님 역시 1980년대 중반에 전남대에서

1
2

1 에치고히로타(越後廣田) 역 간판

2 다케오카 지다이(竹岡智大) 주지 부부

강의를 한 적이 있다. 노무라 선생님께는 학부 시절 2년 동안 직접 가르침을 받았다. 두 선생님 덕분에 나도 자연스럽게 무라야마라는 인물의 행적에 관심을 갖게 되었다. 연구자의 학문적 관심도 전염성이 있는 것인지, 나의 무라야마에 대한 관심이 주변에도 영향을 끼쳐, 대학원 제자 중에 김희영 선생이 무라야마의 학문 및 생애에 관해서 연구한 석사논문을 쓰고 후에 문고판 책을 엮기에 이르렀다.[김희영, 『무라야마 지준의 조선인식』, 2014. 민속원] 조금 과장해서 말하자면 무라야마라는 인물에 대한 관심이 자연스럽게 하나의 학문적 '계보'를 형성하기에 이르렀다.

무라야마는 1891년 니가타 현 가리와 군(刈羽郡)에서 태어났다. 어려서 어머니를 여의고 묘코지(妙廣寺)에 들어가 당시 주지를 맡고 있던 무라야마 지젠(村山智全)의 가르침을 받았다. 묘코지는 일련종(日蓮宗) 계열의 절로 지금의 나가오카 시에 소재한다. 그는 1919년 동경제국대학을 졸업하고 조선총독부 촉탁이 되어 한국으로 건너왔다. 앞서 언급하였듯이 그는 한때 한국의 연구자들 사이에서 경찰 관리로 한국의 민속을 조사했던 이마무라 도모(今村鞆)와 혼동되어, 경찰력을 동원하여 민속조사를 수행한 전형적인 '식민주의 민속학자'로 비난을 받기도 하였다.

나가오카 시내에서 묘코지로 가는 길은 생각보다 오래 걸리지 않았다. 나가오카 시에서 전차를 타고 에치고히로타(越後廣田) 역에서 내려 빠른 걸음으로 걸으면 15분 정도 걸리는 곳에 있었다. 절에 도착하니 미리 전화로 약속해 두었던 주지 다케오카 지다이(竹岡智大)씨가 반갑게 맞이한다. 다케오카 주지의 안내로 절 안을 둘러본 후에, 무라야마 지준이 이 절에서 수행하던 시절에 관

1	1 묘코지(妙廣寺) 절 입구
2	2 묘코지(妙廣寺) 본당 내부 모습

3 무라야마 지준의 생전 모습: 竹岡智大씨 제공

4 도쿄로 가기 위해 역에서 전차를 기다리는 무라야마 지준: 竹岡智大씨 제공

5 제39회 '호다레 마쓰리(ほだれ祭)'를 알리는 포스터

한 이야기를 나누었다. 혹시 아직까지 알려지지 않은 그의 유품이나 기록물이 남아 있지 않을까 내심 기대하였으나 확인할 수 없었다. 다행히 다케오카 주지가 꺼내서 보여준 앨범에서 무라야마의 사진 몇 장을 들여다보고 내 카메라에 담았다. 그 중에서 특히 중절모를 손에 들고 온화하게 미소 짓고 있는 사진이 인상적이었다.

나가오카 시로 돌아오는 전차 안에서 줄곧 무라야마의 생애에 대해서 생각했다. 조선총독부 촉탁이라는 제국 일본의 민속학자는 식민지 조선에서 주로 무엇을 보고 느끼고 어떤 생각을 하며 살았는지, 공식적인 기록이나 조서보고서에 활자화된 그의 언행과는 별개로 그의 '속내'가 알고 싶어졌다. 나가오카 역에서 내려 숙소로 돌아가는 길 여기저기에 호다레 마쓰리를 알리는 포스터가 붙어있다.

호다레 마쓰리의 에로티즘

호다레 마쓰리는 일본에서 흔히 '에치고의 기제(越後の奇祭)'로 알려져 있다. 에치고는 니타가 현의 옛 지명이다. '奇祭'라고 부르는 이유는 일본인들이 보기에도 이 마쓰리가 일본의 다른 지역 마쓰리와는 많이 다르다고 인식했기 때문일 것이다. 호다레 마쓰리의 '호다레(ほだれ)'는 '이삭'이 '매달려있다'는 의미이다.[일본어로 '호(穂)'는 이삭, '다레'는 매달려 있다는 뜻이다.] 이 마쓰리에서 가장 볼거리가 남자의 성기 모양으로 만든 거대한 목상을 가마에 싣고, 그 위에 젊은 여성들을 앉히고 행진하는 것이라는 점

1	2
3	

1 호다레 신을 안치한 사당
2 사당 안에 안치된 호다레 대신의 신체(神體)
3 사당 정면의 '호다레 대신(ほだれ大神)' 현판

을 감안한다면, '호다레'는 남자의 성기를 가리키는 이중적인 의미가 있음이 분명하다.

호다레 마쓰리는 해마다 3월 두 번째 일요일에 나가오카 시의 덴라이(傳來) 지구에서 거행한다. 이 마쓰리는 일본의 에도 시대(江戶時代)부터 전해오던 마쓰리를 1979년에 청년회가 중심이 되어, 지역부흥 차원에서 지금과 같은 에로틱한 형식의 호다레 마쓰리로 바꾸었다고 한다. 2018년 현재 39회를 맞이하였다. 남자의 성기가 등장하는 마쓰리답게 자식이 태어나기를 기원하는 마쓰리로 널리 알려졌다. 여기에 더해서 남녀 간의 인연 맺기, 산모의 안산(安産), 오곡풍양을 기원하는 마쓰리이기도 하다. 남녀의 성교가 자식 낳기는 물론이고 곡식의 생산으로도 이어지는 자연스러운 흐름이다. 덧붙여 말하자면 일찍이 남녀의 인연이 맺어지는 것도, 자식이 태어나는 것도, 곡식이 열리는 것도 모두 신의 소관으로 여겼던 전통사회의 소박한 신앙심이 오랫동안 마쓰리를 지속하는 동력으로 작용하였다.

사당은 그다지 크지 않고 비교적 소박하다. 정면에 '호다레 대신(ほだれ大神)'이라고 쓴 현판이 걸려있다. 일본의 마쓰리는 대부분 신사를 중심으로 거행하기 때문에, 반드시 마쓰리를 전후하여 신사에서 신도 식의 제례가 수반되는데, 이곳에서는 신사 입구에서 흔하게 볼 수 있는 도리이(鳥居)나 고마이누(狛犬)조차도 찾아볼 수 없다. 이 점을 감안한다면 호다레 마쓰리가 원래부터 신도와는 인연이 먼 매우 이질적인 마쓰리라는 사실을 짐작할 수 있다. 사당 안에는 신체(神體)로 받드는 커다란 남근이 세워져 있다. 이 남근은 나무를 깎아서 만들었으며 높이가 2.2미터, 무

나가오카 시 지정문화재 삼나무 신목

게는 약 600킬로그램 정도라고 한다. 마쓰리 기간에는 이 남근 목상을 가마 위에 싣고, 그 위에 미리 선발한 젊은 여성이 타도록 한다. 그 여성들은 대개 신혼인 경우가 많다. 말하자면 결혼 직후 아이 낳기를 희망하는 혹은 그 가능성이 많은 여성을 선발한 셈이다.

사당 바로 옆에는 나가오카 시의 문화재로 지정한 커다란 삼나무가 버티고 있다. 일본의 신사 및 사당 주변의 거목이 대개 신목(神木)인 것처럼, 이 삼나무도 일종의 신목이다. 마쓰리 제의는 이 삼나무에 굵은 시메나와(注連繩) 금줄을 두르고서 시작한다. 삼나무 아래 주변에도 남근 모양으로 바위를 다듬은 이른바 '남근석'이 여러 개 세워져 있다. 남근석과 함께 '도소진(道祖神)'이라고 글자를 새긴 바위가 섞여있어서 눈에 들어온다.

도소진은 전문 용어로 '사에노카미(塞の神, 障の神)' 혹은 '사이

1 '도소진(道祖神)' 글자를 새긴 바위

2 삼나무 밑에 세워놓은 남근석 석상

노카미(塞の神, 障の神)'라고도 부른다. 일반적으로 한국의 장승과 같은 기능을 하는 '경계의 신'으로 알려져 있으나 그 신격이 한층 다양하다. 특히 그 중에서 남녀 간의 성교와 관련이 있는 신격으로 여기는 경우에는 남녀의 성적 화합을 노골적으로 드러내는 석상을 세우기도 한다. 삼나무 오른쪽에도 남녀의 화합을 암시하는 석상이 놓여 있다.

도소진에 관해서는 일찍이 일본 민속학의 창시자로 알려진 야나기타 구니오(柳田国男)가 『석신문답(石神問答)』(1941)에서 연구를 시작한 이래로 많은 연구자들이 관심을 갖고 조사하였다. 예를 들어 구라이시 다다히코(倉石忠彦)는 민간신앙이라는 성격뿐만이 아니라 관련 설화를 포함하여 연구하였다.[倉石忠彦, 『道祖神信仰論』, 1990, 名著出版] 국내에서는 동아대학교를 정년퇴임한 정상박 교수께서 한때 일본을 방문하여 관심을 갖고 연구를 하신 적이 있다. 나는 그때 오사카 대학에 유학중이었는데, 그 덕분에 정상박 선생님을 따라다니며 어깨너머로 공부할 기회가 있었다.

호다레 마쓰리의 진행

호다레 마쓰리는 본격적인 행사 이전에 참가자들이 행렬을 이루어 줄다리기에 사용하는 밧줄처럼 길고 커다란 염주를 들고 마을을 행진하면서 시작한다.[이 염주 행렬를 가리켜 '오주즈구리(大数珠繰り)'라고 한다.] 행렬은 소라고둥으로 만든 악기를 부는 사람을 선두로 중간에 큰북을 둘러맨 사람이 뒤따르는 정도의 소박한 구성이다. 행렬에는 현지 주민을 포함하여 외지에서 구경하

1 마쓰리 참가자들이 기다란 염주를 들고 마을을 행진

2 마쓰리 참가자들의 행렬

러 온 관광객들도 편하게 참여할 수 있다. 나도 조사를 겸해서 함께 염주를 붙들고 마을을 돌아다녔다. 마을 곳곳에 마쓰리를 알리는 장식물과 기치가 세워져 있다. 행진을 멈추고 잠깐 쉬는 동안에는 원하는 사람에게 염주를 치켜세우고 건강과 행운을 축원해주기도 한다.

마을 행진이 끝나면 사당 앞에서 본격적으로 호다레 마쓰리 제의를 시작한다. 먼저 마을 주민들이 미리 준비해둔 금줄을 함께 매고 나와서 사당 옆 삼나무에 두른다. 이 삼나무는 수령이 무려 800년 정도 되었다고 하며 금줄은 무게가 200킬로그램이 넘는다. 금줄은 삼나무 바로 밑에 세워진 남근석에도 함께 두른다. 금줄을 두르는 것은 우리나라의 동제에서 신목(神木) 주위에 금줄을 두르는 것과 같은 이치이다. 이 무렵에 의례를 집행하는

마쓰리를 알리는 장식물

1 마을 곳곳에 세워진 마쓰리를 알리는 기치
2 행진을 멈춘 동안에 참가자를 축원

3	4
5	6
7	8

3 시메나와 금줄 운반하기
4 사당 앞에 시메나와 금줄 도착
5 사당 옆 삼나무에 금줄 두르기
6 금줄을 두른 삼나무와 남근석
7 마을 유지들의 제물 운반
8 마쓰리의 제물

간누시(神主)를 선두로 하여 핫피(法被)라고 부르는 마쓰리 의상을 걸친 마을 유지들이 사당 안에 차릴 제물을 쟁반에 올려서 들고 나와 사당으로 운반한다. 간누시 뒤로 제의 진행을 보조하는 미코(巫女) 두 사람, 쌀을 담은 쟁반, 신주(神酒), 도미, 배추, 과일 순서로 행렬을 지어 운반한다.

도미는 일본에서 제의 및 경사에 빠뜨릴 수 없는 생선이다. 일본어로 도미는 '다이(たい)'라고 부르는데, '경사스럽다'는 의미의 '메데타이(めでたい)'와 겹치기 때문에 도미를 올린다고 한다. 속설이지만 무시할 수 없는 해석이다. 마치 한국의 제사상에 조상님이 밀어달라고 해서 '민어'를 올리고 도와달라고 해서 '도미'를 올린다고 말하는 것과 비슷하다.

흔히 미코(巫女)라고 부르는 제의를 보조하는 여성들이 걸친 홍백(紅白)의 의상도 눈길을 끈다. 일본의 국기 일장기(日章旗)를 비롯해서 운동회의 홍백전(紅白戰), NHK 방송의 가요대항전인 '홍백노래대항전(紅白歌合戰)', 경사에 사용하는 홍백 두 색깔의 떡(紅白餠) 등으로, 홍백은 일본문화를 상징하는 전통적인 색깔이다. 눈여겨보면 호다레 대신(ほだれ大神)을 안치한 사당 정면에 걸어놓은 휘장 색깔도 홍백이다. 그밖에도 수많은 사례를 찾아볼 수 있다.[이 책 제3장 참조]

금줄 두르기가 끝나면 호다레 사당 앞에서 신사의 간누시(神主)가 주관하여 신도(神道) 방식으로 간단한 의례를 진행한다. 이 장면을 보면 호다레 마쓰리가 신도와는 전혀 무관한 마쓰리라고 볼 수도 없겠다. 이어서 지역 유지 및 호다레 마쓰리 관계자들이 차례대로 사당 앞으로 나와 참배를 하고 간누시의 축원을 받는

1	**1** 간누시(神主)의 의례
2	**2** 마을 유지의 사당 참배
3	**3** 남근석 신체에 오를 여성들의 사당 참배

다. 이들의 순서가 끝나면 남근석 위에 올라탈 젊은 여성들이 기모노 차림으로 등장하여 역시 간누시의 축원을 받는다. 이들은 오늘 마쓰리에서 '신성한 신체(神體)'에 올라탈 사람들이므로, 신체에 오르기 전에 미리 부정이 타지 않도록 정화한다는 의미가 담겨 있다.

이들의 참배가 끝날 무렵에 신에게 바칠 오미키(お神酒)라고 부르는 신주가 담긴 술통을 짊어진 사람이 나타나서 사당 앞에

짊어지고 온 술통을 내려놓는 장면

1 술통 깨뜨리기

2 사당 앞에 줄을 선 일반인 참배객

1	2
3	4
5	6

1 신체를 올릴 거치대 설치
2 사당에서 신체 꺼내기
3 거치대 위에 신체 고정하기
4 신체에 올라타는 참가 여성
5 신체 위에 참가 여성을 앉히고 사당 앞 도로를 행진
6 신체를 다시 사당에 집어넣기

술통을 내려놓는다. 이 술통은 직전에 참배를 마친 선발된 여성들이 주도하여 나무망치로 술통을 깨뜨린다. 사당 앞에서의 일련의 제의가 모두 끝나면 기다리고 있던 일반인들이 자유롭게 참배를 한다.

사당 앞에서 간누시의 정화 의례, 유지들의 참배, 미리 선발한 여성들의 참배가 끝나면 사당 안에 안치되어 있던 남근 신체를 꺼내서 거치대에 싣는다. 신체는 무게가 600킬로그램에 이르는 거대한 목상인 만큼 운반에 애를 먹는다. 거치대 위에 신체 설치가 끝나면 공모를 통해서 미리 선발한 젊은 여성들이 수줍어하면서도 즐거운 표정으로 신체 위에 올라탄다. 그러면 거치대 가마를 짊어진 사람들이 활기차게 고함을 지르며 행진을 한다. 행진은 사당 앞의 도로 20여 미터를 수차례 왕복한다. 그 사이에 중간중간 가마를 타는 여성들이 바뀐다. 가마 행진이 끝나면 신체를 다시 사당 안에 안치한다.

마지막으로 마쓰리의 여흥 이벤트로 제비뽑기를 진행한다. 신체에 올랐던 여성들이 가설무대 위에 올라서 마쓰리 장소에 모여 있는 관중들을 향하여 제비를 뿌리면 무대 주위에 몰려있던 관중들이 즐거운 표정으로 이를 줍는다. 제비는 '오 엔(円)'짜리 동전 구멍에 각각 번호가 적힌 종이를 달아서 만든다. 특별히 오 엔짜리 동전을 사용하는 것은 나름대로 이유가 있다. 일본어로 좋은 인연을 의미하는 '고엔(ご縁)'이라는 말과 오엔의 '고엔(五円)'이 동음이의어로 발음이 같기 때문이다. 여기에는 좋은 인연을 맺으라는 의미가 담겨 있다. 참고로 덧붙여 말하자면 일본어는 모음 수가 적기 때문인지 동음이의어가 매우 많다. 그 때문에

1
2

1 제비뽑기 추첨번호가 달린 오 엔 동전을 던져주는 참가 여성들
2 제비뽑기에 사용되는 오 엔 동전

동음이의어의 묘미를 살린 속신도 적지 않다. 예를 들면 병문안을 갈 때면 개구리 인형을 사들고 가는데, 이는 개구리를 뜻하는 '가에루(かえる)'와 집으로 '돌아간다(かえる)'를 겹쳐 놓은 것이다. 하루빨리 쾌유하여 집으로 돌아가라는 의미에서 개구리를 선물하는 것이다.

한국과 일본 성문화의 차이

마쓰리 기간 동안에는 일본의 여느 마쓰리와 마찬가지로 마쓰리 장소 주변에 먹거리를 파는 포장마차와 기념품을 파는 행상들이 몰려든다. 남근 신체를 신으로 모시는 마쓰리답게 호다레 마쓰리의 기념품 중에는 남녀의 성기를 본뜬 조형물이 유난히 많다. 그 중에서 노골적으로 남녀의 성기를 같이 새긴 이른바 '음양석(陰陽石)'에 해당하는 인형도 눈에 띄었다. 이 인형을 아이들도 드나드는 가게 판매대에 버젓이 진열해두고 판다.

흔히 일본은 한국에 비해서 성적으로 개방적인 사회라고 한다. 자칫 오해가 있을까봐서 일부러 말하지만, 성적인 '개방'이 성적인 '문란'을 의미하지는 않는다. 전통적으로 한국사회의 성문화가 가능하면 '보이지 않게' 감추는 쪽이라면, 일본의 성문화는 '보이도록' 드러내는 것을 주저하지 않는다고 해야 할 것이다. 두 나라 모두 전통적으로 성(sex)=생산이라는 민속적 관념을 공유해왔다. 한국에도 일찍이 '음양석' 혹은 '남근석'이 존재하였으며, 이들 바위는 기자(祈子) 신앙의 대상이었다. 지금도 작정하고 찾아보면 얼마든지 발견할 수 있다. 그렇지만 한국의 축제(제례)에서 호다레 마쓰리와 같이 노골적으로 성을 드러내는 경우를 거의 찾아볼 수 없다. 이에 비해서 일본의 마쓰리 중에는 성을 소재로 하는 이른바 '기제(奇祭)'를 흔히 볼 수 있다.

대표적인 경우로 나라 현(奈良縣)에 있는 아스카니마스 신사(飛鳥坐神社)에서 행하는 온다마쓰리(おんだ祭)를 들 수 있다. 이 마쓰리는 해마다 2월에 거행하는데, 무대 위에서 남녀의 성적 결합

1 2 **1** 기념품 가게에서 파는 남녀 성기가 새겨진 인형
2 나라에 있는 아스카 신사 경내의 남근석

을 희화화하여 노골적으로 연출한다. 신사 경내에는 곳곳에 남녀 성기 모양을 한 석상과 남녀의 성적인 결합을 암시하는 음양석이 세워져 있다. 나는 대학원생 시절 이곳을 답사하면서 일본 민속문화의 성적 개방성에 위화감을 느낀 기억이 있다. 아마도 그 위화감은 그 동안 내가 한국의 '감추는 성문화'에 익숙해 있던 데서 기인했을 것이다. 호다레 마쓰리에 등장하는 남근 신체를 보면서 문득 아스카니마스 신사 경내에서 보았던 남근석이 함께 떠올랐다.

마쓰리 기간 동안에는 지역 주민들은 물론이고 일반 관광객들에게도 사당 참배가 허용된다. 이날 제비뽑기 이벤트를 전후하여 많은 사람들이 줄을 서서 기다리다가 참배를 마치는 광경을 목격할 수 있었다. 좋은 인연이 맺어지기를 바라는 사람, 자식을 낳기 위해서 치성 드리는 사람, 건강과 장수를 비는 사람, 사람마다 바라는 바가 있을 것이다. 일 년에 한번쯤은 가벼운 기분으로 호다레 마쓰리와 같은 '기제(奇祭)'에 참가하여 신과의 교신을 시도해보는 것도 나쁘지 않을 것 같다.

라이덴 지구의 스가와라 신사

우리 일행은 호다레 마쓰리의 여흥 이벤트까지 모두 견학한 후에 걸어서 라이덴(來傳) 지구를 둘러보았다. 걷다보니 길가에 세워진 '합격가도(合格街道)'라고 적힌 표지판이 눈에 띄었다. 그 위에 스가와라 신사(菅原神社)라고 같이 적힌 것을 보니, 근처에 스가와라 신사가 있는 모양이다. 호기심에 신사에 들러보았다. 신사는 표지판에서 멀지 않은 곳에 있었다. 입구에 석재로 만든 도리이(鳥居)가 세워져 있고 바로 그 뒤에 작은 신전이 있다.

신사 경내로 들어서니 한쪽에 바위로 스가와라의 좌상을 다듬어 놓았다. 좌상 밑에 계란 모양의 잔돌들이 쌓여 있어서 무언가 하고 들여다보더니, 돌에 '合格' 'Go Go' '5 ご' 'ご 5' 등으로 한자나 영어, 그리고 히라가나를 섞어서 적었다. 말하자면 원하는 학교에 '가자 가자(Go Go)' 하는 의미에서, 영어 알파벳 Go에 해당하는 숫자 5나 히라가나 고(ご)를 혼합하여 적어 놓은 것이다. 일본어로 숫자 5는 고(ご)로 읽기 때문이다. 돌에서 일본 중고등 학생들의 발랄함이 느껴져서 저절로 웃음이 나왔다.

좌상이 놓인 바로 뒤에는 라이덴(來傳) 지역 덴진(天神)의 유래

1 '합격가도'라고 적힌 표지판
2 스가와라 신사의 도리이와 신전

3	4
5	6

3 라이덴 지구 스가와라 신사의 스가와라 석상
4 합격을 기원하며 봉납한 돌멩이
5 덴진(天神)의 유래를 적은 게시판
6 시험 합격을 기원하여 걸어둔 에마(繪馬)

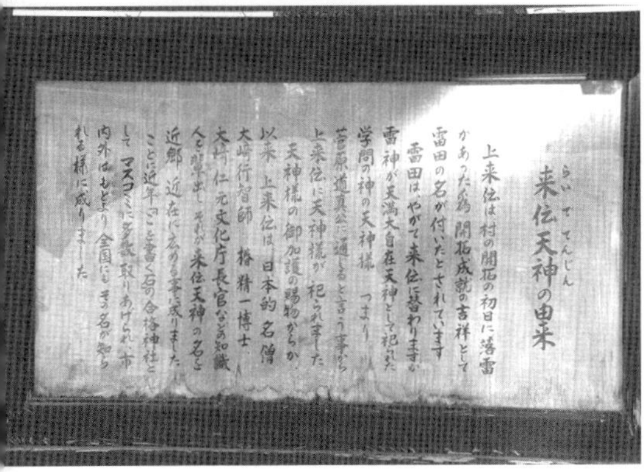

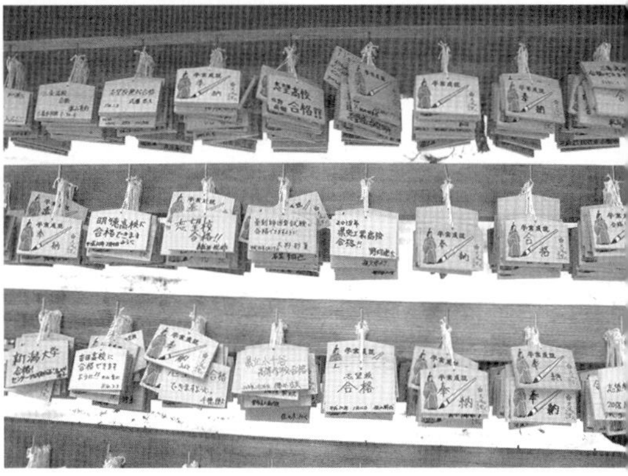

를 적은 게시판이 세워져 있다. 글을 대충 읽어보니 다음과 같은 내용이 적혀 잇다. 마을을 개척하던 첫날 낙뢰(落雷)가 있어서 마을 이름을 '라이덴(雷田)'으로 삼았는데, 나중에 '라이덴(來傳)'으로 바뀌었다. 뇌신(雷神)은 덴진(天神)과도 통하기 때문에 학문의 신 스가와라노 미치자네를 모시게 되었다. 그 덕분에 마을에서 저명한 인사들이 배출되었으며, 근래에는 전국적으로 돌에 고(ご)라고 쓰고 합격을 기원하는 신사로 알려지게 되었다고 한다. 신전 한쪽에는 스가와라가 관복을 걸친 모습을 그린 합격 기원의 에마(繪馬)가 걸려 있다. 에마는 소원을 적어서 걸어두는 작은 나무 판자이다. 원래 나무 판자에 '말(馬)'을 그렸기 때문에 '에마'라고 부르게 되었다.

일본 어령신앙의 중심 인물 스가와라노 미치자네

스가와라 신사는 고대 헤이안(平安) 시대의 역사적 인물인 스가와라노 미치자네(菅原道眞)를 제신으로 모시는 신사이다. 그는 정치가이자 뛰어난 학자로 현재 일본의 신사에서 세 손가락으로 꼽을 정도로 많이 신봉하는 신이다. 그는 일본인에게 가장 친숙한 신격 중의 하나라고 말할 수 있을 것이다. 그를 많이 신봉하는 데에는 두 가지 까닭이 있다.

첫째 그는 일본에서 '어령신앙(御靈信仰)'이라고 부르는 전통적인 신앙 체계와 밀접한 관련이 있다. '어령(御靈)'은 일본어로는 '고료(御靈)'라고 한다. 한국어로 번역하자면 '해원(解冤)'이라는 말이 잘 들어맞겠다. 이 신앙은 생전에 원한을 품고 죽은 사람의 혼령을 위무하기 위해서 신으로 모시는 일련의 프로세스를 의미한다. 신으로 모시는 이유는 간단하다. 죽은 혼령의 복수 및 저주를 두려워했기 때문이다. 스가와라는 당시 후지와라(藤原) 가문이 득세하던 시대에 귀족 출신이 아님에도 우대신(右大臣)이라는 높은 관직에까지 올랐다. 말하자면 '흙 수저' 출신이 '금 수저'들을 젖히고 크게 출세를 한 셈이다. 그는 후지와라 가문 사람들의 질투와 모함으로 인해서 규슈(九州)에 있는 다자이후(大宰府)라는 곳으로 좌천을 당하게 된다. 말이 좌천이지 실제로는 유배나 다름없었다. 그는 결국 그곳에서 절망적인 세월을 보내다가 죽게 된다. 그러자 그의 혼령은 그를 모함했던 후지와라 가문 사람들에게 재앙을 내리며 무서운 복수를 한다. 후지와라 가문 사람들은 이에 두려움을 느낀 나머지 그의 혼령을 달래기 위해서 그를 신으로 모시게 된다. 말하자면 재앙을 내리던 원혼을 후대 사람들이 신으로 모시고 제사를 지냄으로써, 이때부터는 '재앙' 대신에 '재복'을 내리는 선신(善神)으로 바꾸어 놓은 셈이다.

어령신앙은 역사적인 인물을 신으로 모셨다고 해서 다른 말로는 '인신신앙(人神信仰)'이라고 표현하기도 한다. 일본의 역사적 인물 중에는 사후에 '인신'으로 추앙된 사람들이 많다. 한국의 무속에서 유독 최영 장군을 무신(巫神)으로 많이 섬기는 것과 유사한 현상이다. 인신신앙은 일본의 민속신앙뿐만이 아니라, '패자의 역사'라는 관점에서 일본사의 어두운 측면을 심층적으로 이해하는 데에도 도움이 되는 중요한 신앙 체계이다. 특히 스가와라는 역사적으로 인신신앙의 중심적인 인물이다. 나는 일찍부터 일본의 인신신앙에 관심을 갖고, 일본 유학시절의 은사인 고

마쓰 가즈히코(小松和彦) 교수가 저술한 일본의 인신신앙에 관한 책을 제자들과 함께 번역한 적이 있다.[고마쓰 가즈히코 저·김용의 외 역, 『일본인은 어떻게 신이 되는가-인신신앙의 근본원리와 구조』, 2005, 민속원]

둘째 스가와라의 사후에 그를 '학문의 신'으로 모셨다는 점이 중요하다. 이는 현재 일본 각지에 그를 제신으로 모시는 신사가 많은 이유와 직결된다. 주지하다시피 일본도 한국 못지않게 입시 경쟁이 치열하다. 특히 일본은 대학뿐만이 아니라 중고등학교의 경우도 이름난 곳은 입시를 치르는 학교가 많다. 어느 의미에서는 한국 이상으로 '수험 지옥'이다. 따라서 해마다 입시철이 되면 유명한 사찰이나 신사는 합격을 기원하기 위해서 참배를 온 사람들로 붐빈다. '학문의 신'을 제신으로 모시는 스가와라 신사는 당연히 합격을 기원하는 사람들이 가장 많이 찾는 신사이다. 신사를 운영하는 측의 입장에서 보자면 고객(참배객)을 가장 많이 확보해주는 신이기 때문에 그 신을 제신에 포함시키지 않을 수가 없다.

일본 각지에 특히 이름난 스가와라 신사를 꼽는다면 먼저 교토에 기타노 덴만구(北野天滿宮)가 있다. 이 신사는 교토 가미쿄구(上京區)에 있으며, 이 신사에서 스가와라 신을 권청(勸請)하여 모시는 분사(分社)를 전국적으로 거느리는 말하자면 스가와라 신사의 총본사이다. 현지 주민들은 친구 부르듯이 '덴진 상(天神)' 혹은 '기타노 상(北野)'이라고 친숙하게 부른다. 특히 매화꽃이 유명해서 스가와라가 죽은 2월 25일이면 해마다 매화제(梅花祭)라는 축제를 개최하여 사람들로 붐빈다.

1 1 교토에 기타노 덴만구(北野天滿宮)의 삼광문(三光門)

2 2 다지이후 덴만구(太宰府天滿宮) 경내의 신우(神牛) 동상

3 3 오사카 덴만구(大阪天滿宮)의 등용문(登龍門)

스가와라가 좌천을 당했던 후쿠우카 현(福岡縣) 다자이후 시(太宰府市)에 소재한 다지이후 덴만구(太宰府天滿宮) 역시 기타노 덴만구와 더불어 스가와라 신사의 총본산이다. 특히 이곳은 한국 여행사에서 규슈 지역의 여행상품에 반드시 포함시키는 곳이기도 하다. 여행상품에 포함시키는 이유는 이 신사가 유명한 신사이기도 하고, 후쿠오카 공항에서 비교적 가깝기 때문에 접근이 용이하다. 그리고 일본의 모든 신사는 사찰과는 달리 입장료를 받지 않는다는 현실적인 이유도 작용했을 것이다.

일본 3대 마쓰리의 하나로 여기는 오사카의 덴진 마쓰리(天神祭)에서 모시는 신도 바로 스가와라노 미치자네이다. 덴진 마쓰리는 오사카 시(大阪市) 기타 구(北區)에 위치한 오사카 덴만구(大阪天滿宮)를 중심으로 매년 7월에 거행한다. 이들 교토, 다자이후, 그리고 오사카에 있는 신사의 명칭이 현재 '덴만구(天滿宮)'로 정착한 사실에서 알 수 있듯이, 스가와라는 '천신(天神)'이라는 특히 높은 신격으로 추앙받는다.

참고문헌

제1장

김용의(2004), 「오키나와 다케토미지마(竹富島) 지역의 우타키(御嶽) 신앙」『일본어문학』 제20집, 한국일본어문학회.

______(2010), 「『유로설전(遺老說傳)』 우타키(御嶽) 유래설화의 양상과 유형」『일본어문학』 45, 한국일본어문학회.

______(2014), 「일본열도 36.5℃」『월간 아시아문화』 창간호, 아시아문화커뮤니티.

______(2018), 「오키나와 다케토미지마 마을축제의 마늘향기」『삶과 문화』 ASIA CULTURE LAB②, 국립아시아문화전당.

김용의 역(2019), 『오키나와 다케토미지마 섬의 다나두이 축제』, 전남대학교출판문화원.

김용의(2020), 「일본 마쓰리의 현장과 전승집단의 주도적 역할-오키나와 다케토미지마(竹富島) 다나두이(種子取祭)의 사례-」『일본연구』 제53집, 중앙대학교 일본연구소.

______(2021), 『일본 민속문화의 전통과 현장』, 전남대학교출판문화원.

김희영(2017), 「다케토미지마(竹富島) 다네도리사이(種子取祭)의 형행 양상 및 의례로서의 지속성」『일본학연구』 제51집, 단국대학교 일본연구소.

이가원·허경진 옮김(2006), 『삼국유사』, 한길사.

정진희(2013), 『오키나와 옛이야기』, 보고사.

上勢頭亨(1976), 『竹富島誌 民話·民俗編』, 法政大學出版局.

________(1979), 『竹富島誌 歌謡·芸能編』, 法政大學出版局.

大真太郎(1974), 『竹富島の土俗』, 日本ジャーナリズム出版社.

沖縄大百科事典刊行事務局(1983), 『沖縄大百科事典 上巻』, 沖縄タイムス社.

亀井秀一(1990), 『竹富島の歴史と民俗』, 角川書店.

竹富町企画課(1998), 『竹富町勢要覽』, 竹富町企画課.

狩俣恵一(1999), 『南島歌謠の研究』, 端木書房.

狩俣恵一(2004), 『種子取祭』, だきどうん.

前盛義英(1980), 「宮良村における御嶽信仰」『八重山文化論集』第2号, 八重山文化研究會.

牧野清(1990), 『八重山の御嶽』, あ~まん企劃.

外間守善·波照間永吉(1997), 『定本 琉球国由来記』, 角川書店.

琉球大學民俗研究クラブ(1965), 「竹富島調査報告」『沖縄民俗』第10号, 琉球大學民俗研究クラブ.

湧上元雄(1978), 「沖縄の御岳と伝承」『沖縄民俗研究』倉刊号, 沖縄民俗研究會.

吳錫畢(2000), 「竹富町における觀光の現状分析」『八重山竹富島調査報告書(2)』, 沖縄國際大學南島文化研究所.

表仁柱(2001), 「沖縄の御嶽と韓国南道地域の村落共同体信仰の比較考察」『韓国と沖縄の社会と文化』, 第一書房.

제2장

김신중·김용의·신해진(2003), 「나카라이 도스이(半井桃水) 역 『鶏林情話 春香伝』 연구」 『일본어문학』 제17집, 한국일본어문학회.

나카오 히로시·하우봉 외(2012), 『조선통신사 한일교류의 여러 양상』, 보고사.

이효원 편역(2011), 『해유록』, 돌베개.

임동권(1988), 「對馬島에 傳播된 韓文化: 天道信仰을 中心으로」 『한국민속학』 21, 한국민속학회.

현용준(1974), 「對馬島의 天道信仰」 『한국민속학』 7, 한국민속학회.

村上和弘(2015), 「근현대 쓰시마의 '한일교류'에 관한 문화인류학적 연구」, 울산대학교 대학원 박사학위 논문.

任東權著·竹田旦訳(2004), 『朝鮮通信使と文化傳播』 第一書房.

上田正昭·辛基秀·中尾宏(2001), 『朝鮮通信使とその時代』, 明石書店.

上垣外憲一(1996), 『ある明治人の朝鮮観-半井桃水と日朝関係』, 筑摩書房.

司馬遼太郎(2005), 『街道を行く壱岐·対馬の道13』, 朝日新聞出版.

城田吉六(1987), 『赤米傳承』, 葦書房.

新城道彦(2015), 『朝鮮王公族』, 中央公論新社.

鈴木棠三(1972), 『對馬の神道』, 三一書房.

永留久惠(1994), 『對馬歴史觀光』, 杉屋書店.

________(2001), 『海童と天童』, 大和書房.

永留史彦他(2014), 『對馬の交隣』, 交隣社出版企劃.

仁位孝雄(2002), 『朝鮮通信使の道』, 杉屋書店.

三品彰影(1943), 「對馬の天童傳說」 『日鮮神話傳說の研究』, 柳原書店.

辛基秀·仲尾宏(2000), 『図説朝鮮通信使の旅』, 明石書店.

任東權著·竹田旦訳(2004), 『朝鮮通信使と文化傳播』, 第一書房.

第3장

고운기 역주(2003), 『한국, 1930년대의 눈동자-무라야마가 본 조선 민속』, 이회문화사.

권혁희 역(2008), 『조선풍속화보』, 민속원.

김용의(2011), 「나카무라 긴조(中村金城)의 『조선풍속화보』 성립과정 및 변형기법」 『일어일문학연구』 제77집, 한국일어일문학회.

______(2012), 『조선만화』, 전남대학교출판부.

______(2021), 『일본 민속문화의 전통과 현장』, 전남대학교출판문화원.

김희영(2014), 『무라야마 지준의 조선인식』, 민속원.

나카오 히로시·하우봉 외(2012), 『조선통신사 한일교류의 여러 양상』, 보고사.

요시무라 미카(2014), 『무라야마 지쥰의 생애와 무속 연구』, 민속원.

이효원 편역(2011), 『해유록』, 돌베개.

임동권(2004), 『通信使와 文化傳播: 唐人(子)踊과 祭禮行列을 中心으로』, 민속원.

한일공통역사교재 제작팀(2005), 『조선통신사』, 한길사.

朝倉敏夫(1997), 「村山智順師の謎」 『民博通信』 79, 国立民族学博物館.

仁位孝雄(2002), 『朝鮮通信使の道』, 杉屋書店.

野村伸一(2001), 「村山智順が見た朝鮮民俗」 『自然と文化』 66, 日本ナショナルトラスト.

文慶哲(2010) 「唐子踊り」から見た日韓文化交流」 『総合政策論集』 9, 東北文化学園大学総合政策学部.

任東權著·竹田旦訳(2004), 『朝鮮通信使と文化傳播』, 第一書房.

辛基秀(1992), 「祭りに残った通信使行列」 『朝鮮通信使と日本人』, 学生社.

______(1993),『朝鮮通信使往来』，労働經濟社.

______(1999),『朝鮮通信使-人の往来文化の交流』，明石書店.

辛基秀·仲尾宏(2000),『図説朝鮮通信使の旅』，明石書店.

日韓共通歷史教材制作チーム(2005),『朝鮮通信使』，明石書店.

제4장

김영배 역(2019),『골동기집담』，허클베리북스.

김용의 역(2010),『유로설전』，전남대학교출판부.

김용의(2015),「오키나와 우의(羽衣)설화의 유형과 특징」『일어일문학연구』 제92집, 한국일어일문학회.

______(2017),「오키나와 우의(羽衣) 설화의 왕권설화로서의 성격-야래자 설화와의 비교를 통해서-」『일어일문학연구』 제110집, 한국일어일문학회.

______(2021),『일본 민속문화의 전통과 현장』，전남대학교출판문화원.

노성환 역(2009),『고사기』，민속원.

서해숙(2016),「달집태우기의 전통과 현대적 변화」『건지인문학』 16, 전북대학교 인문학연구소.

이영배(2009)「‘위도 띠뱃놀이’에서 풍물굿의 공연적 특징과 위상」『남도민속연구』 19, 남도민속학회.

정연학(2019),「한국 달집태우기와 일본 돈도야키(どんど焼き) 상호 관련성 연구」『민속학연구』 44, 국립민속박물관.

植垣節也 校注(1997),『近江國風土記』，小學館.

小泉八雲著·平川祐弘訳(2014),『骨董·怪談』，河出書房新社.

篠田知和基(2007),「『天人女房』と世界の類話」『広島国際研究』 13, 廣島市立大學國際學部.

竹內町御講內保存會(2019), 『竹內町のオコナイ調査報告書』, 竹內町御講內保存會.
鳥取縣立博物館編(2006), 『鳥取縣の祭り・行事-鳥取縣祭り・行事調査報告書-』, 鳥取縣立博物館.
鳥取縣教育委員会編(2012), 『「弓浜半島のトンド」調査報告書』, 鳥取縣教育委員会.
福田アジオ他(1999), 『日本民俗大辭典 上』, 吉川弘文館.

제5장

김용의(2013), 「일본 하마마쓰시(浜松市) 니시우레 덴가쿠(西浦田楽)의 주도집단 변화 양상」『한국민속학』 58, 한국민속학회.
______(2017), 『도노 모노가타리』(개정판), 전남대학교출판부.
______(2020), 「일본 사이고쿠 삼십삼소 순례의 현재적 의의와 기능」『일본문화연구』, 동아시아일본학회.
남근우(2008), 「'실천적' 문화민족주의의 허실」『'조선민속학'과 식민주의』, 동국대학교출판부.
서종원(2001), 「위도 띠뱃놀이『願堂重修記』(1990년) 연구」『도서문화』 37, 목포대학교 도서문화연구원.
하효길(1996), 「위도 띠뱃놀이의 전망」『비교민속학』 13, 비교민속학회.
新井恒易(1954), 「西浦の田樂-靜岡縣周智郡水窪町-」『傳統藝術講座』 第四卷, 河出書房.
井上靖(2000), 『補陀落渡海記 井上靖短篇名作集』, 講談社文藝文庫.
遠州常民文化談話會編(2012) 『水窪の民俗』 遠州常民文化談話會.
折口博士記念古代研究所編(1965), 『折口信夫全集』 第二卷, 中央公論社.
______________________(1967), 『折口信夫全集』 第十七卷, 中央公

論社.
川村湊(2003),『補陀落 觀音信仰への旅』, 作品社.
須藤功(1970),『西浦のまつり』, 未來社.
早川孝太郎(2009),『花祭』, 講談社學術文庫.
水窪町史編纂委員會編(1983),『水窪町史 下巻』, 水窪町史編纂委員會.
水窪町教育委員會編(1995),『西浦の田楽』, 水窪町教育委員會.
____________(1997),『水窪町の念佛踊』, 水窪町教育委員會.
宮本常一·宮田登編(1972),『早川孝太郎全集』 第二卷, 未來社.
山路興造(1974),「遠州西浦の田樂」『日本庶民文化史料集成』 第二卷, 三一書房.
吉川祐子(2012),『西浦田楽の民俗文化論』, 岩田書院.

제6장

고마쓰 가즈히코 저·김용의 외 역(2005),『일본인은 어떻게 신이 되는가-인신신앙의 근본원리와 구조』, 민속원.
고운기 역주(2003),『한국, 1930년대의 눈동자-무라야마가 본 조선 민속』, 이회문화사.
김희영(2014),『무라야마 지준의 조선인식』, 민속원.
무라야마 지준 저·최석영 역(2008),『조선의 유사종교』, 민속원.
____________(2008),『조선의 점복과 예언』, 민속원.
____________(2009),『조선의 풍수』, 민속원.
무라야마 지준 저·최길성·박효원 역(2014),『조선의 무격』, 민속원.
무라야마 지준 저·김일권 외 역(2017),『조선의 복장』, 민속원.
무라야마 지준 저·노성환 역(2019),『조선의 귀신』, 민속원.
이마무라 도모(2009),『인삼사1』, 민속원.
요시무라 미카(2014),『무라야마 지준의 생애와 무속 연구』, 민속원.

朝倉敏夫(1997),「村山智順師の謎」『民博通信』 79, 国立民族学博物館.

今村鞆(1930),『歴史民俗朝鮮漫談』, 南山吟社.

______(1939),『李朝実録風俗関係資料撮要』, 朝鮮総督府中枢院.

______(1975),『朝鮮風俗集』, 國書刊行會.

倉石忠彦(1990),『道祖神信仰論』, 名著出版.

野村伸一(2001),「村山智順が見た朝鮮民俗」『自然と文化』 66, 日本ナショナルトラスト村山智順(1927),『朝鮮の服装』, 朝鮮總督府.

村山智順(1929),『朝鮮の鬼神』, 朝鮮總督府.

________(1931),『朝鮮の風水』, 朝鮮總督府.

________(1932),『朝鮮の巫覡』, 朝鮮總督府.

________(1933),『朝鮮の占卜と予言』, 朝鮮總督府.

________(1935),『朝鮮の類似宗教』, 朝鮮總督府.

________(1941),『朝鮮の郷土娯楽』, 朝鮮總督府.

柳田国男(1941),『石神問答』, 聚精堂.

찾아보기

ㄷ

ㅂ

ㅇ

ㅈ